河出文庫

女の子は本当に
ピンクが好きなのか

堀越英美

河出書房新社

女の子は本当にピンクが好きなのか　目次

女の子は本当にピンクが好きなのか

イントロダクション

よもや自分の娘がピンク星人になってしまうとは。

「『女の子の色はピンク』なんて押し付け。女の子が生まれたら、自由にいろいろなものを選べるようにしてあげたい」。そう思って育ててきたはずの長女が、三歳を前にピンクにしか興味を示さなくなった。「これからは女の子だって社会に出ていく時代なのだから、自主性を尊重してあげなくては」と好きなように服を選ばせたら最後、林家ペー&パー子のような全身ピンクの格好で意気揚々と街中を闊歩する娘を追いかけることになる。

女の子のお母さんに聞いてみると、皆、同じような体験をしているようだ。海外の新聞サイトなどをのぞいてみても、幼い娘のピンク化を憂える声、声、声……。私の戸惑いはグローバルなものだったのか。その名もずばり、『ピンク・グローバリゼーション』[*1]と題された海外の書籍まである。

洋の東西を問わず、女の子の多くは生まれて三~四年もすると、ピンクに取り憑かれてしまう。お母さんが全身黒を愛するテクノマニアであっても、アースカラーしか身に着けないほっこりミセスであっても、娘たちはおかまいなしだ。確かに私の子供のころにも、女児向けのピンク製品が皆無だったわけではない。しかしこれほどピンクに取り巻かれていたことはなかったはずだ。サリーちゃん、ハローキティ、キャンディ・キャンディ……記憶にある女児文化は、たいてい赤と白に彩られている。

娘を持って気付いたことだが、書店の幼児雑誌のコーナーは、もはや完全にピンク優勢である。「ぷっちぐみ」、「たの幼 ひめぐみ」、「おともだち♡ピンク」といった全面ピンクの女児向け雑誌は、いずれも二〇〇六～二〇〇七年に創刊されたものだ。昔は幼児雑誌といえば特撮メインで、女児向けのコンテンツは申し訳程度だったと記憶している。娘にねだられて何度か購入したが、『プリキュア』のシールやパズル、リカちゃん人形のヘアカタログ、さらにはファッション&メイク情報まで、どのページを開いてもピンク、キラキラが飛び込んでくる。付録はというと、色付きリップが付属する「プリンセス☆メイクドレッサー」、プリンセスになりきれる「おひめさまヴェールつき ティアラカチューシャ&リング」、ロールオンタイプの香水「らぁらのはじめてフレグランス」……それぞれの付録には、こんな女性誌風のコピーがついている。「『ふろくで へんしん! プリキュアふう おしゃかわ メイク&ヘアカタログ』で、メイクやヘアアレンジに挑戦しましょ♪」。

　私が幼稚園のころなんて、いかに固い泥団子を作るか、高くブランコをこげるかということぐらいしか興味がなかったような気がする。二一世紀の女児は、小学校に入る前からピンクの雑誌で女子力アップに駆り立てられているらしい。

　ハロウィンともなると、保育園や幼稚園の女の子たちが皆ドレスでプリンセスになりきるのは、毎年恒例の行事となった。男の子は忍者や海賊、果ては大仏とバラエティ豊かなのに、と個性のなさを歯がゆく感じないでもない。女児のプリンセスブームのきっかけとなったのは、ディズニーが二〇〇〇年にお姫様キャラクターだけを集めて立ち上げた女児向けブランド〈ディズニープリンセス〉である。以来、世界中の女児が〈ディズニープリンセス〉の虜になってしまった。

　ご多分にもれず、我が家の長女もプリンセスに入れあげていた時期があり、毎晩のように「シンデレラ」を読み聞かせるように頼まれたものだ。シンデレラ？　いじわるな姉たちを結婚式に呼んだらハトが目玉をくりぬいて復讐してくれるというリベンジまで人まかせ（というか、ハトまかせ）なお話でしょう？　もっと、女の子が自力で戦うお話を読み聞かせなくちゃ。初めての子供で張りきっていた私は、女の子が知恵と勇気で悪者を欺き、とらわれた姉たちを救うグリム童話「フィッチャーの鳥」を読んであげた。長女の感想は「うそつきな女の子はダメ。次、シンデレラ読んで」。はい。

玩具店の女児コーナーに足を踏み入れれば、ピンク、そして水色、ラベンダーというパステルカラーの大洪水だ。美容、おままごと、手芸、クッキング……と従来の女性役割を踏襲した玩具が多いことも、欧米の母親の悩みのタネになっている。あんなに抵抗して克服しつつあるはずの性別役割分担が復活するなんて、だ。とはいえ、「かわいい……」とうっとりする娘たちを前に、大人たちはなすすべもない。なにしろミッフィーを生んだオランダでも、ミッフィーを差し置いて近年ピンク化したハローキティが大人気なのだから。

国を越えてこれほど多くの女児がピンク（やプリンセス、キラキラしたもの、妖精など）を好むのは、いったいどういうわけなのか。社会の影響？　それとも女の子は生まれつきピンクが好きになるように脳が配線されている？　仮に生まれつきの性質なのだとしても、もやもやせずにはいられない。

そもそも、なぜ自分はピンクにこんなにもやもやしてしまうのだろう。私は、ピンクから何を読み取っているのだろう。

二女の母としてのこんな素朴な疑問が、本稿を書かせるきっかけとなった。一章ではまず、フランス、アメリカ、そして日本を中心に、ピンクが女の子の色となった歴史を概観する。二章では、ピンクまみれの女児玩具シーンに反撃ののろしをあげた二〇代アメリカ人女性考案の玩具ブランド〈ゴールディー・ブロックス〉および〈ルーミネイト〉の快進撃の事例とともに、欧米におけるアンチ・ピンク運動を取り上げる。三章では、〈ゴールディー・ブロックス〉の成功から始まった、現在進行形で広がりつつある女児玩具のＳＴＥＭ（理系）化ブームを紹介する。四章では、女性の理系・社会進出が進まない日本社会においてピンクが何を意味するのかを考える。五章では、日本のインターネット上で盛り上がる「ダサピンク」批判から、客体としてのピンクと主体としてのピンクの違いを考察する。最終章となる六章では、ピンクが好きな男子に対する抑圧、そして「カワイイ」から疎外される男性の問題を取り上げる。

あなたはピンクが好きですか？　それとも、嫌い？

第一章
ピンクと女子の歴史

長女の出産時、お祝いにブルーのベビー服をいただいた。そのときとっさに思ったのは、「あれ？　男の子だと思われているのかな？」。女の子はピンク、男の子はブルー。リベラルなつもりでいたけれど、私の頭は思いのほか固定観念に染まっていたようだ。着せてみると、ガッツ石松似だった我が赤子には、ピンクよりもブルーのほうが映えた。私見だが、成長過程でガッツ石松もしくは宮沢喜一を経由するアジア系の赤ちゃんには、あまりピンクは似合わない。パステルピンクのベビー服は、白い肌に金髪碧眼のアングロサクソン系乳幼児のためのものなのではないか。さらにいえば、「芸術は爆発だ！」とばかりに両手を広げ（モロー反射）、欲望の赴くままに泣きわめく赤ちゃんの岡本太郎性は、ファンシーなパステルカラーとはいかにも不釣り合いに思える。

そんな母の思惑をよそに、赤ちゃん用品売り場も玩具店も、女の子はピンク、男の子はブルーとはっきり色分けされているのが常である。もはや太古の昔から、そういうものだと決まっていたかのように。「最近のベビー服って、ピンクやパステルカラーばかりでうちの子に合わなくてさあ」とこぼしてみても、「え？　昔からそうだったでしょ」といなされてしまう。しかし私が乳児だったころの様子を親族に聞いてみると、金太郎のような赤い腹かけ一枚で過ごしていたというし、私と同じ年の友人からプレゼントされた本人のお古の産着も、白系ばかりだった。性別で衣服の色を分ける風習は、いったいいつから始まったのだろうか。

「ピンクは女性性を象徴する色」――そんな先入観にゆさぶりをかけるファッション展「Think Pink」が、二〇一三年に米マサチューセッツ州のボストン美術館で開催された。[*1] テーマはその名のとおり「ピンク」。公開された内観写真には、〈ドルチェ&ガッバーナ〉のドレス、〈クリスチャン・ディオール〉のストラップレスワンピース、〈ルブタン〉の靴といった、高級ブランドのファッションアイテムがずらりと並ぶ。

しかし展示の主眼は単に、デパートよろしくピンク尽くしのファッションで観客を幻惑することにはなかった。服飾品や芸術品を年代別に並べることにより、ピンクの社会的意味の変遷を明らかにしたのだ。

たとえば、一八世紀フランスで男性貴族が着用していた、繊細な花の刺繍がふんだんに施されたピンクのシルクコート。一八世紀後半に描かれた、ピンクのサテンのドレスを着用した男児の肖像画。一八世紀末にフランス人作家が記したピンクと白の寝室を男性に勧める文章（「気分を明るくするピンクを男の夢の空間へ」！）。一九二五年出版の小説『グレート・ギャツビー』（F・スコット・フィッツジェラルド著）で、ギャツビー青年が着用していたピンクのスーツ（展示品は一九七四年の映画版でロバート・レッドフォードが着用したラルフ・ローレンのスーツのレプリカ）。

これらの展示品が示すのは、かつては男性もピンクを愛用していたということである。染色技術の進歩により、ピンクが衣類に使われるようになったのは一七世紀以降だが、その後しばらく人々は男女の別なくピンクを着用していた。同展をキュレーションしたミシェル・フィナモレは、米ラジオ局NPRの取材に答えて、「現代人はピンクを女性の色だと考えていますが、そうした認識が広がったのは第二次世界大戦以降のことなんです」と説明した。[*2]

アメリカで刊行された二冊のピンク史『Pink Think: Becoming a Woman in Many Uneasy Lessons』（未邦訳、Lynn Peril 著二〇〇二年）、『Pink and Blue: Telling the Boys from the Girls in America』（未邦訳、Jo B. Paoletti 著二〇一二年）は、いずれもキュレーターの意見を裏付けている。少なくともアメリカにおいてピンクが女性の色として広く定着したのは、第二次世界大戦後のことだった。「ピンク＝女性の色」というステレオタイプの歴史は、意外にも新しいのだ。一九世紀後半に発表されたアメリカ小説『若草物語』には、フランスの風習にならって女の子の赤ちゃんにピンクのリボン、男の子の赤ちゃんにブルーのリボンを結ぶシーンがある。[*3] この描写からうかがえるのは、当時のアメリカには性別によるそうした色分けは定着していなかったということ。もう一つは、性別によるピンクとブルーの色分けは、フランス由来の風習であるらしいということである。

ピンク＝女子はフランス発

それでは、フランスの服飾史をひもといてみよう。色彩学の城一夫教授によれば、一九世紀末のフランスには、すでに新生児の女の子にピンクの服を着せる習慣が誕生していたらしい。女の子に着せるベビー服は「ローズ・ボンボン」、男の子に着せるベビー服は「ブルー・ベベ」と呼ばれた。この風習はフランスのみならず、北西ヨーロッパに広く分布していたという。ただしその区別は厳密なものではなく、ベルギーでは、男の子がピンク、女の子がブルーと逆転していたそうだ（ベルギー王室の王女誕生を報じた一九二七年の英「Time」誌の記事には、男児を期待して〝ピンク〟のゆりかごが用意されていたことが記されている）。[*4]

ローズ（＝ピンク）といえば、一八世紀フランスにおけるロココ様式の代表色である。荘重で厳格な古典主義がルイ一四世の死で衰退し、代わって貴婦人の優雅なサロンに知識人が集う女性中心の文化が花開いたロココ時代。バラの花を愛したマリー・

アントワネット、ジョゼフィーヌ妃ら当時の貴婦人たちは、ドレスのみならず家具や食器までピンクで彩った。中でもピンクマニアとして知られたのは、ルイ一五世の愛妾であり、宮廷サロンの中心的人物であったポンパドゥール夫人である。ピンクと淡い水色のコンビネーションに身を包んだ彼女は、パステルカラーをベルサイユ宮殿に大流行させた。セーブル王立製陶所が新たにピンクを開発した際、彼女の功績を称えて名づけた「ポンパドゥール・ピンク（ローズ・ポンパドゥール）」は、今も磁器の色名として使われているほどだ。*5

女性だけではない。ロココ美術を代表する宮廷画家ジャン・オノレ・フラゴナールも、ピンクを愛用した一人だ（フラゴナール・ピンクという色名は彼の名前にちなんでいる）。*6 ピンクをふんだんに用いた代表作「ぶらんこの絶好のチャンス」は、太ももやピンクの靴下止めまで見せる勢いで庭園のブランコにぐいぐい揺られるピンクのドレスの娘、それを下からのぞこうとする若い男、という構図である。これを「絶好のチャンス」と名付けるところに、男性の目線の微エロを感じる。当時、さまざまな色合いのピンクを形容するために、こんな表現も生まれた。「Cuisse de Nymph（妖精の太もも）」、「Ventre de Biche（牝鹿の腹）」、「Fesses de Fille（娘の尻）」、「Ventre d'Epouse（妻の腹）」*7……これまた、男性目線で女体にこだわったむんむんした言い回しが多い。

実際に絵画からうかがえる当時の貴婦人たちは、まるきり日に当たっていないような白い肌に上気した頬や胸元のピンク色がほんのりとなじみ、なるほどピンクのドレスがよく似合う。妙齢の白人女性たちは自分の美をひきたたせる色として、男性たちは官能を刺激する色として、それぞれピンクを愛したのだろう。「妙齢」と限定してみたのは、マリー・アントワネットは三〇歳でピンクの着用をやめたと伝えられているからである。「三〇過ぎたら女子ぶるのもね〜（笑）」というマリー・アントワネットのアラサートークが聞こえてきそうな挿話だ。

ベルサイユ宮殿から始まったピンクブームは、一八世紀後半にはヨーロッパ全域に広がったと伝えられている。このブームと「男の子の赤ちゃんはキャベツから、女の子の赤ちゃんはバラの中から産まれる」というフランスのことわざが結びつき、一九世紀末までに女の赤ちゃんがピンクを着るという風習が生まれたのではないかと推測できる。フランスの歴史家ミシェル・パストゥローは、西欧のブルジョアが赤ちゃんの性別に応じてブルー／ピンクの服を着せる習慣は、中世末に成立した青＝男性、赤＝女性という性別対比の変形だとみている。[*8] 青は赤と対比した場合のみ、男性らしさを表す色となる。ピンクが女の子の色ということになったので、彩度を合わせた淡いブルーが男の子の色になったのかもしれない。

余談だが、平安時代の貴族の間で「今様色（＝トレンドカラー）」として流行したのも、薄い紅色である。『源氏物語』では、一番の愛され女子・紫の上が「紅梅のいと紋浮きたる葡萄《えび》染めの御小袿《おんこうちき》、今様色のいとすぐれたる」衣裳を光源氏からプレゼントされるというくだりがある。むりやり二一世紀の日本語にすれば、「ラベンダー色のカジュアルジャケットにトレンドカラーのピンクをあわせたマジイケてるスタイル」という感じだろうか。ラベンダーにピンク。これは現代の女児が好む配色とほぼ変わらない。『源氏物語』で各登場人物の服色を色彩系統別に研究した論文「『源氏物語』にみる人間関係と表現の関連」（山村愛、斎藤祥子著／二〇〇六年）によれば、紫の上の服色はピンク、赤、紫系が約二割ずつ、女三の宮にいたっては三分の二がピンク系。光源氏自身もピンク二割、白一・五割、赤一割の割合で着用している。特権階級がそれまでにない豪奢な暮らしを享受できた平安時代は、ロココ同様に女性の文化が花開いた時代でもある。清少納言が『枕草子』で小さく弱い存在である赤ちゃんや子供の可愛さを称揚できたのも、豊かさと平和があればこそ。優雅で柔弱であることがよしとされる貴族文化では、男女問わずピンクが好まれるのかもしれない。そう考えると、ピンク色を配した国旗が存在しないのもうなずける。建国したばかりの血気盛んな人々が、柔弱カラーを選ぶとは考えづらいからだ。

きらびやかな男性たち

男性がきらびやかな衣裳を身に着けていたのは、ロココ貴族や平安貴族に限った話ではない。西洋における男性の衣服は、かつて女性以上にファッショナブルだった。一六世紀イングランドのヘンリー八世の肖像画など、体中にダイヤモンドやルビーといった宝石をちりばめ、紫のベルベットの上着をはおり、羽根つき帽子を斜めにかぶるという、どこにも引き算がない盛りに盛ったおしゃれぶりである。[*9] 宝石類はもともと、男性が権勢を誇るために身に着けるものだった。初めて絹のストッキングをはいたのも、ヘンリー八世であったとされている。当時の西洋文明において、支配階層の男性が男らしさをアピールするために強調したのは、ごつごつとした指でも引き締まった筋肉でもなく、ふくらはぎから足首へのラインであったからだ。そのため、一七世紀フランスのルイ一四世のように、ハイヒールを愛用する男性貴族も珍しくなかった。[*10] ストッキングにハイヒール。まるでOLである。中世ヨーロッパの支配階層の男性たちは、このほかにもリボンやレース、カラフルな装束を身に着け、クジャクのように己の権力を誇示していた。

そういえば、クジャクであれ、ライオンであれ、動物はたいていオスのほうが見た目が派手にできているものだ。これはオス同士で威嚇したり、メスの気をひくためだとされている。人間でも原始的な社会ほど男性も化粧をするし、中には化粧をするのは男性だけという社会も存在する。中世ヨーロッパでは、女性は自然に近い存在であるべきであるとするキリスト教の価値観のもと、女性が化粧や装飾で男性の目をひくのは罪だと考えられていた。装飾はもともと、オスのものだったようだ。化粧とパンプスとストッキングが社会生活上必須で、これらを怠ると「女を捨てている」と言われかねない現代日本人女性としては、人類の進化に絶望したくなる。

盛りに盛った西洋の男性ファッションが転換期を迎えたのが、一九世紀後半以降である。その理由には二つあるとされる。ダーウィンの進化論が広まったこと。もう一つは民族学が学問として成立し、いわゆる「未開民族」の文化調査が始まったことだ。世界各地の民族の調査が進むにつれ、装飾は発展途上国、劣等人種、下流の男性のものとされるようになった。彼らや女性に対する優越の証として、上流階級の男性は簡素で実用的な衣服を好むようになる。大の男が色や飾りを求めたり、トレンドを追いかけることは、「女々しい」行為とされた。着飾った男は「dude（気取り屋）」と呼ばれ、その愚かさやキザな態度が風刺マンガの格好のネタとなったのである。[*11] 子供が一般にカラフルさや飾り、模様を好むことも、子供は原始人に近い存在であるというダーウィン理論の後ろ盾になった。イギリスで生まれた背広が、アメリカでビジネスマンのスタンダードな衣類として定着したのも、一八八〇年ごろのことだ。日本においても、明治維新で洋風化が推奨され、男性の「ざんぎり頭」が浸透するまでは、男性の化粧や長髪は当たり前のことであった。

フランクリン・ルーズベルト
2歳半のポートレイト写真

子供服における男女の区別

男性の衣服が簡素化する一方で、「女」と「子供」は未開人に近い存在としていっしょくたにされたため、子供の衣服は男女問わず女性的なままで留め置かれた。女性的な要素とされた弱さ、純粋さ、依存性は、乳幼児の特徴でもあったからだ。フランクリン・ルーズベルトの二歳半のころの写真（一八八四年）を見ると、当時の社会慣習がわかる。レースたっぷりの上着に膝丈の白いスカートをはき、手には羽根つき帽。靴はといえばストラップ付きのエナメル靴で、髪の毛は肩まで長い。まるで女の子のようだ。この時点では、アメリカの乳幼児は白（もしくは淡いパステルカラー）のドレスを着ていて、男女の区別はなかったらしい。ちなみにかつて乳幼児の衣類が白かったのは、煮沸消毒や漂白、ごしごし洗いに耐えうる化学染料がなかったという実際上の問題もさることながら、性別のないイノセンスが乳幼児の最大の魅力だと思われていたことも大きい。ピンクやブルーといったパステルカラーは白人の薄い肌の色をひきたてることから、一九世紀の乳児に使われることもあったが、男女の区別は特になかったという。なお、一九世紀のイングランドでは、英国近衛兵の赤い制服にちなんで小さな男の子がピンクのリボンと装飾を身に着けることも多かった。一八五〇年に描かれたヴィクトリア女王の肖像画には、乳児時代のアーサー王子がピンクと白のドレスを着ている姿が描かれている。*12

欧米の男児の衣服が男らしくなったのは、二〇世紀初頭のことである。その背景には、小児心理学の登場があった。男児の自慰が有害とされたことで、それを防ぐためのズボンが推奨されたのである。さらに、同性愛の原因が母子密着による父親との同一化の失敗にあるとされたために、早期から男児の性別アイデンティティを育むことが奨励されるようになった。子供を純粋無垢な存在として感傷的に愛でるヴィクトリア朝の価値観は、男児はたくましく育てるべしとする科学の登場でわきに追いやられた。かくして一九二〇年あたりから、男の子の服からレース、蝶ネクタイ、ひだ飾り、花の刺繍やプリントが消えた。質実剛健であるべき男の子は、服装になんてこだわってはいけなかったのだ。

なお、一八八六年に発表されたイギリスの小説『小公子』（バーネット夫人）も、男児服の簡素化に一役買ったとされている。当時の『小公子』人気は原作の小説そのものよりも、演劇作品によるところが大きかった。とりわけ上流階級の貴婦人たちに熱狂的に愛されたのは、金髪巻き毛の心優しき美少年・セドリック（小公子フォントルロイ）であった。黒のベルベットに白いレース襟という優美な衣裳を身に着けた高貴で純粋無垢なセドリックは、母親にとっての理想の息子像そのものだったのである。「我が息子にも同じ服装をさせたい」。そんな母親たちのニーズにこたえて、黒のベルベットに白いレース襟の衣類が「フォントルロイスーツ」[*13]として商品化され、一大ブームとなった。少年たちにしてみれば王子様ルックを強制されたも同然だから、当然大きなトラウマも残した。イギリスの作家コンプトン・マッケンジーもその一人である。六歳のときにダンスのレッスンのためにこのスーツを着せられ、セーラー服を着た他の少年たちにくすくす笑われたことに耐えきれず、わざと溝に落ちて服を台無しにしたと語っている。またジョン・ベフェルが一九二七年に執筆したエッセイ、その名も「小公子疫病」によれば、フォントルロイスーツを強要されて父親の納屋を焼き払った八歳の少年もいたという。アメリカ・ボーイスカウト創設者のひとりダニエル・カーター・ビアードは、一九〇四年に「アメリカにおいて健康的で健全に発育した男とはハックルベリー・フィンとトム・ソーヤである。退廃した小公子フォントルロイではない」と記している。[*14]

フォントルロイスーツを強要された少年たちが大人になったとき、「ぜったいにぜったいに息子には男らしい服を着せるぞ！」と誓ったことは想像にかたくない。実際に彼らが大人になった一九〇〇年代初頭以降、男児服は簡素で動きやすいセーラー服と膝丈ズボンが定番になった。かつては性別のないピュアな存在であった男児が、生まれたころから「小さな男」として扱われるようになった背景には、こうした元・少年たちのトラウマもあったのだろう。一九四〇年代までには、男児の赤ちゃんに白いドレスを着せる風潮は衰退し、代わりにスポーツ、ミリタリー、乗り物といった男性性を象徴する柄が男児服に盛り込まれるようになる。

しかし乳幼児のジェンダー化が進んでも、まだまだアメリカでは男の赤ちゃんはピンクのベビー服を着ていた。ピンクが女性の色だとは認識されていなかったためである。前掲の『Pink Think』によれば、一九二七年に「Time」誌（一一月一四日号）がアメリカ主要都市のデパートでベビー服のカラーリングを調査したところ、男児にピンク、女児にブルーが六件、男児にブルー、女児にピンクが四件であったという。一九二五年に出版されたアメリカ小説『グレート・ギャッツビー』でも、ギャッツビーの素性を疑った上流階級の男性が、「あんなピンクのスーツを着る奴がオックスフォード出なわけがない」という理由でくさすくだりがある。ピンクは当時、女性性ではなく、育ちの悪さの象徴であった。二〇一三年の映画『華麗なるギャッツビー』の衣裳デザイナーはインタビューに答えて、「当時のピンクは労働者階級であることを意味していた」と語っている。[*15] 男の子はブルー、女の子はピンクという色分けがアメリカにおいて浸透するのは、第二次世界大戦後のベビーブーム以降まで待たなければならない。

黒を追放してピンクを手にせよ

五〇年代のアメリカときいて、エルビス・プレスリーのピンクのキャデラックを思い出す人も多いだろう。ケネディ大統領暗殺時にジャクリーン・ケネディ・オナシスが着用していたピンクのシャネルスーツ。『紳士は金髪がお好き』（一九五三年公開）で、紳士達に囲まれて踊るマリリン・モンローのピンクのストラップレス・ドレス。ピンクは五〇年代のアメリカを象徴する色である。中でもオードリー・ヘップバーン主演ミュージカル映画『パリの恋人』（一九五七年公開）で、ファッション誌編集長マギーが次号のテーマをピンクにせよと歌う"Think Pink!"は、まさに当時のピンク熱を表している。「アメリカの女性たち、否、あらゆる場所の女性たちにピンクを届けよ！黒を追放せよ！　ブルーを焼き払え！　ベージュを埋葬せよ！」。ダンスと音楽に合わせてスクリーンに映し出されるピンクのドレス、ピンクのバッグ、ピンクのシャンプー、ピンクの歯磨き粉。どんなにピンクが嫌いな人でも、つい目を奪われてしまう洗練されたピンク遣いが印象的な名シーンだ。

深読みすれば、ここでいう黒は喪服、ブルーは戦時中に工場で働いていた女性たちの作業着（ジーンズ）だったのではないだろうか。現に、米ラジオ局NPR公式サイトの二〇一四年の記事でも、第二次世界大戦後のピンクブームを「ロージー・ザ・リベッター（第二次世界大戦中にアメリカの軍需工場で働いた女性労働者の総称）は、ブルーの作業着をジューン・クリーバー（人気ドラマに登場したカリスマ専業主婦）のピンクのエプロンと交換した」と表現している。[*16] 敏腕編集長マギーは、戦後の時代が終わり、女性たちが浮かれてもよい時代がようやく到来した、というムードをいちはやく察知して、ピンクを特集テーマに選んだのだろう。古典主義の重苦しさから抜け出したフランス貴族が、ピンクを好んで身に着けたように。もっとも、マギー本人は劇中でピンクを着るかどうか聞かれて、「私？　死んでも着ないわ」と即答する。ここには、現代女性がピンクに抱く複雑な感情が描かれている。すでにピンクは、キャリアウーマンが身に着けることを忌避したくなるような思想性を孕んでいたのだ。

五〇年代アメリカとピンク

当時のピンクブームの象徴となったのは、アイゼンハワー大統領夫人マミー・アイゼンハワー、そして映画女優ジェーン・マンスフィールドという二人の女性である。彼女たちこそは、ピンクと女性性の結び付きに貢献した立役者であった。「アイクは国を回すけど、私はポークチョップを回すの（"Ike runs the country, I turn the pork chops"）」と語るマミー・アイゼンハワーは、夫と肩を並べる新しい専業主婦像として、五〇年代アメリカ人主婦の憧れの存在であった。一九五三年のアイゼンハワー大統領就任式に、彼女が着ていたラインストーンで覆われたパウダーピンクのボールガウンや長い手袋は、戦争中に土にまみれて働いていた女性たちには輝かしく映ったはずだ。[*17]彼女は自身のドレスのみならず、ホワイトハウスや別荘のインテリアまでお気に入りのパウダーピンクで彩った。彼女がピンクを愛好したのは、単に自分の肌の色と青い瞳を引き立たせる色だからというだけの理由だったかもしれない。しかし彼女が愛用したパウダーピンクは「マミー・ピンク」と呼ばれ、キッチンや浴室を同じピンクに塗り立てる主婦が続出した。「1950s kitchen」でGoogle画像検索してみれば、「いくら戦争に勝ったからって浮かれすぎなのでは……」とひいてしまうようなパステルカラーのキッチン画像の数々を目にすることができる。『グレート・ギャツビー』の時代には、伝統を持たない労働者階級の成金がシャンパン片手にパーティに明け暮れるバブリーさの象徴であったピンク。そうしたバブリーなイメージをまとったまま、ピンクは郊外の大きな一軒家で家事育児に専念できる裕福で幸福な主婦のシンボルとなった。多くの女性たちは、家庭に入ることを抑圧とはとらえず、むしろ自ら望んだ。戦時中に徴用されてジーンズを着てリベット工場で働くという経験は、社会進出の喜びを知るにはいささか不適切だったのだろう。戦勝ムードにのって、ピンクに彩られた製品が多数市場に出回った。生理用ナプキンはピンク色になり、消費者は鍋やハンドミキサー、果てはゴルフボールまでピンク色のものを買い求めた。[*18] 女児向け市場にも、ピンク色の商品が増えていく。『奥さまは魔女』（一九六四年放送スタート）で、主人公夫婦の娘・タバサちゃんの部屋が、壁も家具もインテリアもすべてピンクづくしであったことを覚えているかたもいるだろう（カラーテレビで見ていれば、だが）。

アイゼンハワー大統領夫人の愛用したパウダーピンクが家庭的な専業主婦の象徴だとすれば、マリリン・モンローと並ぶセックスシンボルであったジェーン・マンスフィールドが着用したピンクは、女性のセクシュアリティの象徴であった。「ピンクは私の色」「それは私を幸せにしてくれるから」[*19]と語る彼女は、ピンクのジャガーを所有し、ピンクのドレスで結婚式を挙げた。外観がピンクで統一された豪邸はピンク・パレスと呼ばれ、ピンクのファーで壁という壁を覆ったバスルームには、ピンクのハート形浴槽が置かれた。ここまでピンクづくしだと強迫的なものを感じずにはいられないが、本人はピンクについてこうも語っている。「男性は女性にピンクであることを求めるものよ。（中略）女の子の曲線美とたまらない唇と息づかいは、身を助けてくれるわ」[*20]。彼女にとってピンクとは、男性から求められる性的身体そのものであった。おっぱいの大きいおバカなセクシーガールを演じていたジェーン・マンスフィールドは、大学で物理学を学び、五カ国語を話し、ピアノとバイオリン演奏に秀でた才媛であったことが伝えられている。彼女は知的であったからこそ、男性が自分に知性を求めていないことを早々と悟り、求められている女性性を必死に身にまとおうとしたのではないか（それこそ優等生的に）。好きだからという理由だけでは解しがたい偏執的なピンク遣いの理由を、そこに見いだすのは想像がすぎるだろうか。

厭戦カラーとしてのピンク

五〇年代アメリカにおいて、ピンクは女性らしさの象徴となった。それはすなわち、客体性の象徴ということでもあった。しかし、なぜそうなったかを考える際に、当時の男性のピンク愛についても触れないわけにはいかないだろう。なんといっても、ピンクのキャデラックとピンクのジャケットを愛用していたエルビス・プレスリーを忘れるわけにはいかない。当時ピンクを好んで着用していた男性は、エルビスだけではなかった。そもそも男性たちがピンクを好きでなければ、妻が台所をピンクに塗り立てることを許すとは思えない。『Pink Think』によれば、一九五五年の時点で、デパートのカタログの紳士服ページにはピンク色の衣料があふれていたという。ミネソタ大学のカラル・アン・マーリング教授（歴史学）は、当時の男性たちのピンク愛について、チャコールグレー一色であった時代に対する反発の現れではないかとみている。[*21]もしかしたらピンクは、遠く離れた戦地で思う故郷の母親と温かい家庭を象徴する色だったのかもしれない。前述したように、世界中どこの国の国旗にもピンクは存在しない。ピンクは愛国心や血なまぐささから心理的に最も遠い色であることが、文化を超えて共有されていることの現れである。

戦争から解放された女性たちにとって、まずは男性の寵愛を得ることが豊かさや幸福への近道であったはずである。それには、戦争に疲れた男性を癒す家庭的な存在であることをアピールする必要があった。そのため、ピンクを身に着け、夫に尽くす従順さ、優美で繊細な女性らしさ、家庭内をハッピーにする適度な愚かさを持ち合わせていることを伝えようとしたのではないだろうか。当時のピンクが女性性と強く結びつけられていった背景には、かつての女性たちの「立身出世願望」があったはずである。

こうして女の子は生まれたときから期待を込めてピンクのブランケットにくるまれ、ピンクのベビー服や玩具に囲まれるようになった。帰還兵の就職口を確保するために政府主導で女性の専業主婦化が進められたこととあいまって、幼いころからピンクのアイテムとセットで女性の規範が刷り込まれていく。曰く、素敵な女の子はガムをかんではいけません。ズボンもはいてはいけません。常に優しく柔らかに、そして少々おバカに。自分の意見を言い立てることは慎み、しとやかなドレスを着て美しくふるまいましょう。そうすれば素晴らしい（高収入の）男性に愛されて、彼の庇護のもと幸福な暮らしができるでしょう。こうしたメッセージが、ピンク色のボードゲームや児童書、家庭科の教科書、ヤングアダルト向け雑誌、婦人誌などに盛り込まれるようになった。『パリの恋人』におけるキャリアウーマン、マギーが、ピンクを着たがらないわけである。

少女たちはピンクの愛国者として、模範的な主婦を目指すことが求められた。当時アメリカで流行していた俗流フロイト論も、科学の名のもとに女性の家庭回帰を後押しした（女が学問や職業を求めることは「ペニス羨望」と呼ばれ、母親が育児をほんの少しでも間違えば子供は将来ノイローゼになると脅されたのである）。一方で、労働と通勤の長時間化で夫の帰りは遅くなり、主婦の孤立感は増していく。「郊外の一軒家に住み、ピンクのキッチンと豊かな家電製品で家事にいそしみ、ホワイトカラーの夫と子供たちのお世話をして暮らす」。当初は女性たちの憧れであったはずのピンクが、重苦しい抑圧の色へと褪せていくのに時間はかからなかった。一九六三年に

Campus Queen Vintage Lunch Box（King-Seeley Thermos Company）
ピンクのドレスを着たキャンパスクイーンとイケメン男子をモチーフとした女の子向けのランチボックス（1967年発売）。裏面は美容室やドレスショップに立ち寄りながらパーティでキャンパスクイーンを目指すピンク色のボードゲームになっている

は、幸せであるはずの中産階級主婦の孤独と無力感を世に照らしたベティ・フリーダンの著書『The Feminine Mystique（邦訳『新しい女性の創造』／一九六五年）』（女らしさの神秘）が刊行され、一大議論を巻き起こした。マンスフィールドのあからさまなセックスアピールも、六〇年代半ばから飽きられるようになった。ポール・マッカートニーは「Playboy」誌のインタビューで、当時三二歳の

マンスフィールドを「古いバッグ」に喩えてくさしている。[*22]

ウーマンリブの登場

一九六〇年代後半から一九七〇年代前半にかけて、ピンク色の抑圧への不満がウーマンリブ運動という形で爆発した。夫や子供を通してしか生きる道のない主婦が家族を支配し、子供（特に息子）を弱体化させているというフリーダンの主張は保守的な男性の心をも動かし、ウーマンリブは社会を変革する一大ムーブメントとなった。その根幹にあったのは、「男女の性別は社会的・文化的に作られたものであるから、差別や区別を徹底して取り除かなければならない」という思想だ。当然、「女の子はピンク、男の子はブルー」という色分けも批判のターゲットとなった。ベビーブーマーの親たち、とりわけ女らしさの押し付けにうんざりしていた母親は、育児環境から性別区分をなくそうと尽力した。こうして、乳幼児の衣類はふたたび中性化していく。ウーマンリブの風潮が一番のピークを迎えた一九七六年から一九七八年にかけて、老舗デパート〈シアーズ〉のカタログのトドラー女児向け衣料ページに、ピンクは一切登場しなかった。[*23]

中性志向は、一九八一年のレゴの広告にも表れている。ポスターの女児が着用しているのは、Tシャツ、ジーンズ、紺のスニーカー。手にした原色のレゴの下には「What it is is beautiful.（あるがままが美しい）」のキャッチコピー。一九七〇年代のレゴの説明書には、両親に向けて「宇宙船よりもお人形の家が好きな男の子はたくさんいます。お人形よりも宇宙船を好む女の子もたくさんいます」[*24]と記されており、中性的な広告が一定の理念に基づくものであることがわかる。また、乳幼児はコントラストの強い色に反応するという小児心理学の知見も、育児環境の中性化に一役買った。

ジェンダーニュートラルの規範が翳りを見せ始めたのは、一九八〇年代半ばあたり。女の子はピンク、男の子はブルーというパステルカラーの乳幼児製品が再び市場に出回り始めた。第一の理由として考えられるのが、一九八〇年代に普及した超音波検査である。出産準備として世にあふれるベビー用品の中から我が子のために商品を選ぶとなれば、やはり自分の子供の特性に合わせたものを買いたくなるのがプレ親心というもの。たいていは、妊娠中にわかる特性は性別ぐらいのものである。ピンクやブルーのベビー用品が売れるのもむべなるかな。

また幼児用品については、男女平等の浸透とともに子供の自主性が尊重されるようになったことも大きい。三歳にもなれば子供は性別アイデンティティが芽生えてくる。

とりわけ三~七歳の女児のピンクに対する執着はすさまじく、彼女たちの意志を尊重しようとしたら、どうしたってピンクを買わざるをえなくなるのである。ベビーブーマーのアメリカ人女性の中には、ウーマンリブの影響でオーバーオールとマッシュルームカットを強制され、バービー人形の代わりに木製の積み木で育った人も多い。ピンクのドレスが欲しくても買ってもらえなかった怨念が、娘の欲しがるままにピンクの服や玩具を買い与える購買行動につながったのかもしれない。ウーマンリブのおかげである程度社会経験を積めた彼女たちは、もはや親世代のように女性性を毛嫌いする必要はなかった。女性性とキャリアは両立すると考えたのである。

「性自認の発達はアイデンティティ確立の第一歩であるから、幼児の性別へのこだわりは尊重しなければならない」。発達心理学上のこうした見識は、中性的な衣類や玩具に居心地の悪さを感じて育った母親にとって、十分に納得のいくものであったはずだ(フォントルロイスーツを強要された元・男児にとっても同様だろう)。メーカーとしても、製品を男女別にしたほうが「お下がり」として転用しづらい上、性別の違うきょうだいに別々の商品を買わせることができるメリットがある。兄には原色のブロック、妹にはパステルカラーのブロックを売り込めば、売り上げは二倍になる(!)。

二〇〇〇年一月にはディズニーが過去作品のプリンセスを集め、ピンクのロゴマークが目印の〈ディズニープリンセス〉ブランドを立ち上げて大成功を収めた。プリンセスたちが王子様を叩き出して女子同士で同居し始めたことで、世界での売上高は年三億ドルから年四〇億ドルにまで急成長したのである。*25 かつては中性的であったレゴも、女児向けにパステルカラーを基調とした〈レゴフレンズ〉シリーズを二〇一二年に発売し、こちらも売り上げは好調である。日本発のハローキティも、アジア・欧米の若い女子に大人気だ。「ピンク・グローバリゼーション」は、二一世紀になってますます加速している。

日本におけるピンク

これまでは欧米におけるピンク観を中心に見てきたが、これは戦後日本の消費文化は、基本的に欧米（主にアメリカ）の影響下にあるからだ。日本でパステルカラーのベビー服ブランドといえば、〈ファミリア〉を思い浮かべる人が多いだろう。一九五〇年創業の〈ファミリア〉はもともと、戦後の女性たちが欧米のすぐれた育児法を日本に紹介するために立ち上げたベビーショップであった。パステルカラーのベビー服も、そうした舶来文化の一つとして取り入れられた。児童文学作家の松谷みよ子が自身の育児体験をもとに執筆した児童書『ちいさいモモちゃん』（一九六四年）収録「パンツのうた」には、子供が一歳になったというので母親が白とピンクと水色のパンツを三〇枚縫うくだりがある。欧米文化に親しんでいたハイソな家庭では、「赤ちゃん＝やさしいパステルカラー」がある程度浸透していたことがうかがえる（一九七三年にド庶民な家庭の赤ちゃんであった私は、赤い腹かけ一枚で過ごしていたけれども）。

今では当たり前のように存在するピンクの女性用下着も、一九五〇年代前半にアメリカ雑貨店でピンクのガーターベルトに出会った鴨居羊子によって広められたものだ。鴨居羊子の自伝『わたしは驢馬に乗って下着をうりにゆきたい』（一九七三年）には、ピンクの下着を手にした当時の喜びが記されている。「この小さいガーターは一ひらの花べんに似ていた。女の体をむしったら、こんな一ひらがおちてくる」。「とくにトイレへ行くときがたのしみである。ぱっとスカートをめくると、たちまちピンクの世界が開ける。おしっこまでピンク色に染まっているようであった」。アメリカ産の下着でカラフルで繊細な下着の愉しみを知った彼女は、新聞記者の仕事をやめ、女性向けの下着メーカーを立ち上げる。

欧米からの影響とは別に、日本におけるピンクと戦後の関連でいえば、興味深い文学作品が二つある。

きっと、いまの戦争が終ったころ、こんな、夢を持ったような古風のアンブレラが流行するだろう。この傘には、ボンネット風の帽子が、きっと似合う。ピンクの裾の長い、衿の大きく開いた着物に、黒い絹レエスで編んだ長い手袋をして、大きな鍔《つば》の広い帽子には、美しい紫のすみれをつける。

（太宰治「女生徒」）

学校はだんだん学校らしくなって来た。女性同志の恋愛ごっこのようなものが急に流行しはじめた。リボンを頭につけたり、定期入の中に写真をしのばせたり、制服がそろわないので私服のゆるしがあるままに、色彩がだんだん華やかになって来た。（中略）同級生達から毎日のように、ピンクやブルーの封筒を渡され、涙っぽいつづけ字の手紙をよまされた。

（久坂葉子「灰色の記憶」）

太宰治「女生徒」は、一九三八年に一〇代の女性読者から送られてきた日記をもとに書かれた短編小説である。少女が戦争が終わったら身に着けたいと考えた「夢を持ったような」色、それがピンクと紫であった。また久坂葉子「灰色の記憶」の引用部は、終戦とともにピンクやブルーの封筒で感傷的な手紙のやりとりを始める女生徒たちを描写したものだ。戦後の女性にピンクを売り込もうとした『パリの恋人』のマギー編集長をつい連想してしまう。日本においても、戦争の抑圧から逃れて夢を見たいというときに、真っ先に選ばれる色はピンクであったことがうかがえる。

とはいえ、ピンクが女子カラーとして一般に定着するのは、日本の場合もう少し時間がかかった。これはおそらく、ピンク＝桃色が長らくエロを象徴する色として使われていたせいではないかと思う。「ピンクサロン」「ピンク映画」「ピンクチラシ」など、ピンクと性風俗を結びつける言葉は多い。かつては「桃色遊戯」「桃色映画」などという言葉もあった。松沢呉一氏は、昭和初期のわいせつ雑誌の版元が、政府の規制をかわすためにひな祭りによって若い女性のイメージがついていた「桃色」という言葉を誌名に冠したあたりから、徐々にエロを匂わせる言葉として使われ出したのではないかと推測している。[*26] ランダムハウス英和大辞典には、英語の「pink」には日本の「ピンク」に含まれているようなわいせつな意味はなく、わいせつを意味する色は「blue」であると記されている（例：ブルーフィルム）。なお、中国ではわいせつといえば黄色、スペインでは緑、イタリアでは赤である。意外に思えるが、ピンクとエロの結びつきは、日本独自のものであるらしい。

こう書くと「いやいや、戦隊モノの女子キャラクターは伝統的にピンクでしょ」と言われるかもしれない。確かに、一九七五年に放送スタートした特撮テレビドラマ『秘密戦隊ゴレンジャー』では、紅一点の女子メンバーは「モモレンジャー」である。しかし舞台裏では、このネーミングにも喧々囂々があったらしい。以下、作り手サイドの回想を見てみよう。

「ただ一人の女性、ピンクレンジャーはどうしますか」

「ちょっと子供には、えげつないかな」

ピンク映画、ピンク産業、といい、エロティックすぎる使い方をされていたからだ。

「ピンクじゃなかったら、モモか」

「モモは、もっとエッチじゃないですか」

「いやいや、果物のモモ、ハートのモモ、それと、まあ、ふっくらとした女性のモモだ。ちょっと不良っぽくていいよ」

結局、モモレンジャーと決まった。

（『日本《ジャパニーズ》ヒーローは世界を制す』大下英治著／一九九五年）

この証言からうかがえるのは、当時の「ピンク」は子供番組には使うのがはばかられるほどいかがわしいイメージの言葉であったということ、桃色がエロの代名詞となった理由の一つは、どうやら太ももの「もも」と同音であったからららしいということである。性風俗を連想させるピンクはアウトでも、モモなら健康的なお色気としてギリギリセーフ。モモレンジャーは、男児向け（お父さん向け？）だからこそ許されたキャラクターだったのだ。

こうして生まれたただ一人の女性隊員・モモレンジャーは当時大いに話題になり、女児はもちろん女子大生までも巻き込む一大ブームを起こした（最高視聴率はなんと二五％！）。ピンク色をまといながら、守られ役でもお色気だけでもなく、爆弾処理のプロフェッショナルとしてアクションを決めるモモレンジャーの姿に、勇気づけられた女子も多かったに違いない。以来、戦隊ヒーローにピンク色の女子隊員は欠かせないものとなった。

とはいえ、少なからずエロティックな意味合いのあるピンクを我が娘に着せたいかというと、それはちょっと……と思うのが親心だろう。ピンク色の衣類やおもちゃが存在しないわけではなかったのだが、ねだっても親に却下されてしまったと語る私と同世代の女性は少なくない。加藤茶がストリップのコントをするときにあたるピンスポットの色だったから、というわけでもないだろうが、幼い私もなんとなくピンクはハレンチな色だと感じていた。ピンクの代わりに、高度成長期の女児には「赤と白」があてがわれた。日本初の少女向けアニメ『魔法使いサリー』（一九六六年放送スタート）、続く『ひみつのアッコちゃん』（一九六九年放送スタート）、『キャンディ・キャンディ』（一九七六年放送スタート）も、ヒロインは赤と白のファッションが中心であった。もちろん、女の子のランドセルの色は赤と決まっていた。今でこそピンクのイメージが強いハローキティも、一九七四年の誕生当初は赤と白のカラーリングである。初代ハローキティのデザインが決定したいきさつについては、当時サンリオ社長であった辻信太郎氏のエッセイ『これがサンリオの秘密です。』（二〇〇〇年）に詳しい。新しい動物キャラクターを投入するにあたり、アンケート調査を行ったサンリオは、「赤と白の組み合わせ」が非常に好まれることに気付いた。そこで生まれたのが、赤いリボンをつけた白ネコのキャラクターだったのだ。デザイナーのボブ・イーグルトンは、赤と白の組み合わせについて、「原色はキャラクター向きなのです。とくに赤は強い色で、もちろん白とかけ合わせるとピンクになり、とても女性的です。赤と白を並べると二色を使っていることになりますが、その境界をにじませると、無意識のうちにピンクを感じるのです」という[*27]。赤と白は、ピンクの代用色みたいなものであったのだろうか。

ピンクが女児のものとなる最初のきっかけは、一九七〇年代後半のピンク・レディーの登場だった。アイドルといえば「清楚で大人しく上品」がモットーだった時代、ピンクを冠して露出度の高い衣裳でデビューした彼女たちは、当初は間違いなく大人の男性向けのお色気デュオだったはずである。しかしひとたびテレビに登場するや、彼女たちが放つお色気と振り付けの下品さに、世の女児はたちまちとりつかれてしまった。その勢いたるやすさまじく、「当時子供だった女性でピンクレディーの振り付けを知らない人はほとんどいない」とテレビ番組で検証されたほどだ[*28]。当時、幼稚園児だった私も、「サウスポー」のピンクの衣裳（野球のユニホームをスパンコール付きのピンクのタンクトップとホットパンツにアレンジしたもの）を親にあてがわれてそのまま外に出され、非常に恥ずかしい思いをした覚えがある。ピンクとキラキラした書き文字は、自分には似つかわしくない浮かれ具合に思えた。おそらくあのころが、女児ピンク解禁の端緒だったのだろう。何しろピンク・レディーは、親世代をも巻き込む国民的スターだったのだから。エロ目線で見るには奇抜すぎる歌詞に合わせてダイナミックに踊る二人の女の子が、ピンク＝エロのイメージを塗り替えてしまったのだ。

こうしてピンクは徐々に女児カルチャーに進出していく。東映魔女っ子シリーズの最終作である『魔法少女ララベル』（一九八〇年放送スタート）では、主人公がついにピンクを全面に押し出したワンピースを着用した。ただ、この時点ではまだ全体の色味が強く、現代の女児玩具のカラーリングとはほど遠い。ヒロインの髪の毛がピンク色になった一九八二年の『魔法のプリンセス　ミンキーモモ』はふんわりした色調で、かなり現代の女児アニメのカラーリングに近づいている（余談だが、魔女っ子アニメに「大きいお友だち」こと男性ファンの存在が認識されるのも同作からである。堀田純司『萌え萌えジャパン』（二〇〇五年）によると、主人公のモモは「日本初の萌えキャラ」だそうだ）。

決定的だったのが、ぴえろ魔法少女シリーズ第一作として一九八三年に放送スタートした『魔法の天使クリィミーマミ』である。女性イラストレーター高田明美氏が手がけた、やわらかく丸みのある線にパステルカラーを多用したキャラクターデザインが、当時の女児を惹き付けた。高田氏自身、「私にとっても初のオリジナル作品なので好みの色、パステル調というのがかなり出ていると思います」とインタビューで答えている。また、現代におけるファッションアイテムとしての人気の理由についてはこう語る。「女の子の好きなパステルカラーがメインだったというのが人気の要因としてあるのでないでしょうか」「女性ファンは一〇代から四〇代までと広いんですよね。身近では、お母さんが連れていらした六歳の女の子が『マミちゃんかわいい〜』って言ってて。マミのかわいさには普遍性があるのかなと思っています」[*29]。

女児をターゲットとした魔女っ子アニメとしては異例なことだが、『魔法の天使クリィミーマミ』は放送三〇年を経て今なおファンが多い。中川翔子、篠原ともえ、鈴木砂羽ら数々の女性タレントがファンを公言しているほか、二〇〇八年にサブカル系ブランド〈QUOLOMO〉が「クリィミーマミ」Tシャツを発売したのを皮切りに、数々の原宿系ブランドが同作をモチーフとしたファッションアイテムを展開している。最近では二〇一五年に109系ブランド〈セシル・マクビー〉がコラボグッズを販売した。ギャルにも通じるかわいさなのだ。

『魔法の天使クリィミーマミ』が新しかったのは、色調だけではない。食卓で新聞を広げる父親に家事に勤しむ母親といったファミリーアニメの定番描写ではなく、共働きで仲良くクレープ店を切り盛りし、ときには父親も料理をする両親像。無垢な優等生女子ではなく、甘え声でありながら大人をあざむくしたたかさもあるヒロイン像。女性が大家族の世話に追われる日本家屋ではなく、核家族がのびのび過ごすショートケーキのようなかわいい西洋風一軒家。家父長制のもと「大人になって母親のように従属して生きるのはこわい。もっと自由に生きたい」と震える地方の一女子にとっては、夢のような世界である。『少女と魔法――ガールヒーローはいかに受容されたのか』（須川亜紀子著／二〇一三年）では、以下のように簡潔に記されている。「ショートケーキハウスとクレープという、カワイイ外観を持つ『西洋』表象と結びついた森沢家は、西洋のカワイイが書き込まれ、家父長制的家族規範から逸脱したニューファミリーの典型として、理想化されているのである」。パステルカラーは、家父長制的家族規範から遠くはなれた希望の色だった。

『魔法の天使クリィミーマミ』を生んだ八〇年代は「女の時代」と呼ばれ、それまで取るに足らないものとされていた女・子供の文化にスポットが当たった時代である。七〇年代までは「女子学生亡国論」「婦人参政権亡国論」といった知識階級の男性論者による女性叩きが週刊誌を賑わせた。政治イデオロギーやアカデミックな教養に基づく階級社会では、思想を持たない軽佻浮薄な女は国を滅ぼしがちな迷惑な存在だと思われていたのである。ところが、学生運動が下火になり、「戦争を知らない子供たち」世代が社会の主流をなすようになると、軽佻浮薄は必ずしも忌むべきものではなくなった。時代は重厚長大から軽薄短小へ。テレビは「軽チャー」路線をかかげ、若いインテリ達は「昭和軽薄体」でスノッブな文章をものし、重苦しい意味から離れた軽やかさと面白さが尊ばれるようになった。逆に、かつては男らしさとしてもてはやされた重さ、暗さ、真面目さは、「ネクラ」と蔑まれるようになる。革命幻想が潰えた代わりに、「意味にとらわれた男社会の外側にいる無垢な少女には、社会を変革しうる新しい力がある」という少女幻想が現れたのだ。おそらくは性的関心も伴って、少女マンガや変体少女文字といった「カワイイ」少女文化に、大人たちが興味を示し始めた。同時に、少年マンガの世界では、重たい劇画に代わって「ラブコメ」が一世を風靡した。少女アイドルブームに、ブランド〈セーラーズ〉やクレープに代表されるポップな原宿文化。男・重厚・モノクロ・家父長制の時代から女・軽薄・パステルカラー・ニューファミリーの時代へ。前述したロココや平安時代のピンク趣味を彷彿とさせる変化だ。

敗戦の傷が癒え、八〇年代に入ってようやく浮かれ出した日本。しかしパステルカラーが世にあふれても、少女向けのファンシー商品がピンク一色になることはなかった。ピンク＝エロのイメージは薄れた代わりに、カワイコブリッコな色というイメージがついて回ったのである。

ファンシー文化の総本山であるサンリオの八〇年代当時の流行キャラクターを見てみても、「ゴロピカドン」「フレッシュパンチ」「タキシードサム」「ザ　ボードビルデュオ」「ファンカムアライブ」「ザシキブタ」などパステル、ベージュ系が主流で、ピンク基調のキャラクターは「マイメロディ」と「リトルツインスターズ（キキ&ララ）」ぐらいである。二〇一〇年代のサンリオショップがピンクまみれであることを考えると、驚くべきピンクの少なさだ。

理由の一つとして、当時お小遣いを手にしてファンシーショップに出入りできたのが、小学校中学年以上の少女に限られていたからということが挙げられる。一般に、ピンクやキラデコ、プリンセスを好むのは七歳以下の女児だが、彼女たちはまだ消費の主役ではなかった。クリィミーマミが魔法の力で大人の女になってパステルカラーを身にまとったように、当時の小中学生の女の子たちの「カワイイ」趣味は、年齢に合わせて洗練させていくべきものだった。ファンシーグッズを卒業したら、アメカジやフレンチカジュアルなどのカジュアルファッションに移行するのが通例だった。カワイイ趣味は外部からは幼稚な少女趣味と同一視されがちではあるが、当の少女たちにはあまりそういう意識はなかったはずである。

パステルカラーのグッズを友だちから「カワイイ」と褒められることは望ましいが、フリフリピンクの幼い格好で「カワイコブリッコ」と揶揄されることは避けたい。この感覚は、自分の欲望を隠さなければならないという抑圧に基づいている。エッセイストの酒井順子氏は当時の感覚についてこう記す。「今、聖子ちゃんカット時代の女の子の集合写真を見ると、『前髪、重っ!』という感じであるわけですが、あの時代のティーンにとって額は恥部であり、隠すのは当然だった。／なぜ彼女達は額を隠したのかというと、そこには『本性を出してはいけないのだ』という心理があったからなのでしょう」(『ぶりっ子』『携帯の無い青春』二〇〇七年)。

額だけではなく、ロングスカートで足を、ぶかぶかの上着で体型を、袖の裾を伸ばして手を、当時の少女はとかく隠したがっていた。聖子ちゃんカットの普通少女だけではない。不良少女もまたそのようにふるまった。少女文化がもてはやされはしたものの、少女自身には自分をさらけ出すのは恥ずかしいという感覚があったのである。少女とは、澁澤龍彦『少女コレクション序説』(一九八五年)の言葉を借りれば、社会的にも性的にも無知・無垢で「みずからは語り出さない受身の存在」であることによって、初めて男社会から価値を見いだされるものだったからだ。八〇年代の少女アイドルは「家族や友だちが勝手にオーディションに応募した」もしくは「友だちの付き添いでたまたま受かってしまった」という触れ込みで売り出され、口をぽかんと半開きにすることで無垢さを演出する。少女マンガのヒロインはといえば、自分に自信がなく、どうでもいいことでうじうじ悩む内気でおっちょこちょいな、それゆえに男たちから愛されるがその好意には気付かないというややこしい少女像が定番であった。自分の魅力を自覚してそれを演出し始めれば、それはもう無垢ではなく、したがってかわいくない（ということになる）。こういう価値観を刷り込まれた八〇年代の少女にとって、ピンクを身に着けることは、自らのかわいさを自覚して売り込む恥ずかしい振る舞いでしかない。私と同年代の女性による次のエッセイは、まさに当時の気分をうまく言い表している。

ピンク。あんなに自己愛の強そうな色はないでしょう？　あんなに媚びて発情している色もない。あんなに「可愛さ」が画一的に記号化された色もない。ピンク好きを公言したり、ピンクの小物を持ったりするのは、可愛がられたい気持ちを前面に押し出しているのと同義！　そんなのズルいし、そもそも恥ずかしい。愛玩対象として世間様に自分を提示するなんて、私のプライドが許さない！「女と言えば、ピンク色」なんて思われてるけど、私は女である前に人間です！

まぁそんな感じで、随分長いこと私はピンクを毛嫌いしておりました。

（「ピンクと和解せよ」『貴様いつまで女子でいるつもりだ問題』ジェーン・スー著／二〇一四年）

日本人女性のこうしたピンク観が変わるきっかけとなったのは、九〇年代半ばあたりだろうか。ハローキティのベースカラーがピンクになり、リボンが花に替わってから、八〇〜九〇年代前半まで低迷していたハローキティの人気が爆発したのだ。このリニューアルは、三代目ハローキティデザイナー山口裕子氏が、原宿のショップでピンク色のベルトの時計が一番売れていることに気付いたことから始まったというが、女子高生がブランド財布欲しさに援助交際をすると聞き、サイン会で出会った女子高生にこう尋ねた。「ピンクで横長のキティちゃんの財布があったら、買う？」。彼女の答えはイエスだった。こうして、パールピンクのキティシリーズが一九九七年に誕生する。パールピンクのキルト地にピンクの花を頭にかざしたハローキティのポーチや携帯電話ケース類は、瞬く間に若い女性の間に広まった。ピンクの子供っぽさを中和したシャイニーなピンクは、ブランドバッグの中に入れても違和感がなかったからだ。

シャイニーピンクのハローキティが、ハローキティとピンクがそれぞれ持っていた「幼い子供向けのかわいさ」というイメージを一新させた。ブームを支えたのは、「コギャル」と呼ばれる女子高生たちであった。コギャルは、「強くて自由で個性的な〈女子高生〉というポジティブなセルフ・イメージを持っている」新しい少女像と定義されている（「『ギャル系』が意味するもの：〈女子高生〉をめぐるメディア環境と思春期女子のセルフイメージについて」佐藤（佐久間）りか著／二〇〇二年）。それまで少女の理想とされた従順、無垢、清楚といった要素をそぎ落としてもなお魅力的な存在として、その後の少女像を一変するインパクトがあった。

九〇年代以降、少女たちはおでこを出し、制服のスカートをミニ丈にして足を出し、内股ではなく堂々と大地に足をつけるようになった。もじもじするより若い身体を誇るようにふるまうほうがかっこいい、という価値観の転換が訪れたのだ。モーニング娘。にしろＳＰＥＥＤにしろ、人気アイドルは自らアイドルを目指して主体的に努力する姿を見せ、そのストーリー性をも武器としてヒットチャートに君臨した。もはや少女たちは、かわいさを自覚していることを隠す必要はなくなった。女性の社会進出にともない、ぶりっ子は女子力と名前を変えて、生存戦略の一種として積極的に推奨されるようになった。ピンクも然り。女性性とは弱く愚かなことであるというメッセージを受けて育ち、女性性に屈折した思いを抱きがちな世代の女性たちとは違い、強さを称賛されて育った彼女たちに、ピンクを忌避する理由などないのかもしれない。

こうして日本でもピンクは誰はばかることなく女子の色になった。従来の製品に女性向けのラインが登場するなら、それは必ずピンクになる。女性向けのキャンペーンのポスターもピンク。大学の女子学生向け広報ページもピンク。もちろん女児向け玩具はピンク一色。女性が素直にピンクを楽しめる時代になったと、言祝ぐべきなのだろうか。

だが、ピンクが依然として幼さや性のイメージを喚起する色である以上、ピンクを押し付けられることに反発する女性も少なくない。とりわけ女児向け製品のピンク一色状態には、日本以上に欧米では批判の声が多く聞かれる。次章では、そうした〝アンチピンク〟運動について詳述したい。

第二章
ピンクへの反抗

Girls.
You think you know what we want, girls.
Pink and pretty it's girls.
Just like the 50's it's girls.
ガールズ
私たち女の子が欲しがるものが何か、わかってると思ってるでしょ
ピンクにカワイイもの、それが女の子
まるで五〇年代みたい

You like to buy us pink toys
and everything else is for boys
and you can always get us dolls
and we'll grow up like them... false.
みんなピンクのおもちゃを私たちに買い与えたがる
それ以外のおもちゃはみんな男の子のもの

いつだって女の子には人形を与えておけばいい
そうすればお人形さんみたいに育つだろうってね
……なわけないし

It's time to change.
We deserve to see a range.
'Cause all our toys look just the same
and we would like to use our brains.
We are all more than princess maids.
今こそ変わるとき
女の子も広い選択肢を知る価値がある
女の子用のおもちゃはみんな同じに見えるけど
女の子だって頭を使いたい
私たちはプリンセスのメイドなんかじゃない

Girls to build the spaceship,

Girls to code the new app,
Girls to grow up knowing
they can engineer that.
宇宙船を造る女の子
新しいアプリをコーディングする女の子
きっと自分にもそういうものが設計できるって
思いながら成長する女の子

Girls.
That's all we really need is Girls.
To bring us up to speed it's Girls.
Our opportunity is Girls.
Don't underestimate Girls.
ガールズ
それが女の子に本当に必要なこと
私たちにスピードを

女の子であることが、私たちのチャンス
女の子を見くびらないで

テレビ画面の中でピンクのフリフリドレスを着て踊る少女たちを、ふてくされ顔で眺める小さな女の子たち。しかしレコードプレイヤーからビースティ・ボーイズのヒット曲「ガールズ」の替え歌が流れ始めると、かわいらしい女児玩具を組み合わせて作ったピタゴラスイッチのような大掛かりな装置が動きだす。二〇一三年にインターネット上で公開された、女児向け玩具〈ゴールディー・ブロックス〉のプロモーション動画の内容である。[*1]小さなスタートアップ企業が作成した低予算動画であったにもかかわらず、八〇〇万回を超える再生数を叩き出し、アメリカのメディアを中心に各所で取り上げられた。

この動画をプロデュースしたのは、幼い女の子が遊びながらエンジニアリングを学べる玩具〈ゴールディー・ブロックス〉プロジェクトを立ち上げた若き女性エンジニア、デビー・スターリングだ。玩具のコンセプトの新規性もさることながら、「皿を洗う女の子、俺の部屋を掃除する女の子、洗濯する女の子、俺たちが女の子に本当に求めてることはそれだけ」という性差別的なニュアンスのあった原曲の歌詞を、女の

子に勇気を与える歌詞に書き換えたプロモーション動画は、革命的な作品に目ざといネット民を惹き付けた。デビー・スターリングは起業からわずか一年足らずで、ピンクに覆い尽くされた女児玩具界に反旗を翻す〝ロックスター〟として、時代の寵児になった。

スタンフォード大学で工学を専攻していた彼女が、女児向け組み立て玩具の必要性を痛感するきっかけとなったのは、大学時代の工学デッサンの授業だった。クラスの大半を占める男子学生たちは、立体的な製図というテーマを難なくこなしていく。一方彼女は、彼らのようにうまく仕上げることができなかった。平均的に見て、女性が男性に比べて空間把握能力で劣ることは、統計上でもよく知られた事実である。クラス全員の前で教授に不出来を笑いものにされ、泣きながら教室を飛び出した彼女は、多くの女性たち同様に「自分は女だから工学には向いていない」と諦めてしまいそうになる。さいわい、クラスには味方になってくれる男子学生がいた。彼の励ましを受けて深夜まで製図の猛勉強を重ねたデビーは、努力で難局を切り抜けることができた。

のちに彼女は、組み立て玩具で遊んで育った子供のほうが、空間把握能力テストで良い成績を取ることを知る。「なんて残念なんだろうと思いました。私と妹が小さいとき、両親はレゴやエレクターセットやリンカーンログを買ってくれませんでした。

それは男の子のおもちゃだと思っていたのです。一〇〇年以上もの間、そうしたおもちゃは男の子向けに売られてきました。そして男の子たちが数学や科学に興味を持つのです。一方で、女の子は人形やお化粧セットを買い与えられます。これは不公平です」（TEDトーク「次世代の女性エンジニアに希望を」）[*2]。彼女は女児向けの工学玩具を作り、現代の女の子が、自分よりもずっと早い年齢で工学への情熱を見いだせるようにしようと考えた。

仕事を辞めたスターリングは、何ヶ月もアパートにこもり、試作品を作り続けた。対象年齢となる五〜九歳の女の子が飛びつくものでなければ意味がない。六〇〜七〇年代の中性化運動のように、性差を無視して男児の玩具を女児に押し付けるだけではダメなのだ。しかし一〇〇人以上にものぼる対象年齢の少女に会い、試作品で実際に遊ばせてみても、すぐに飽きられてしまう。スターリングは少女たちに訊ねた。「一番好きなおもちゃは何？」。彼女たちが持ってきたのは、物語の絵本だった。多くの女児は物語を愛好する。人形やおままごとなど、物語に没頭しやすい玩具が好まれるのはこのためだ。そこでスターリングは、女の子のエンジニアが冒険に出かけ、機械を作って問題を解決するという物語要素を、組み立てブロック「ゴールディー・ブロックス」玩具に付け加えた。たくさんの女の子を惹き付けるには、なぜ自分がそれを組み立てるのかというストーリーが必要だとスターリングは考えたのである。こうして、付属の絵本のストーリーに合わせて、子供自身がペグボードの上にリボンやブロック、スピナーを配置し、装置を動かすという玩具〈ゴールディー・ブロックス・アンド・ザ・スピニングマシン〉が誕生した。色味もピンクを押し出すことを避けながら、パステルカラーでかわいらしく。女の子たちの評判は上々だった。

ようやくできあがった試作品を手に、彼女はニューヨークの国際玩具展示会に乗り込む。スーツ姿の男性で埋め尽くされた会場では、彼女の扱いはさんざんだった。男性の一人は「女の子向けの組み立ておもちゃは売れない」と耳打ちし、女の子に何が売れるのか見せてやろうとピンクで埋め尽くされた女児玩具売り場へ連れて行った。何もかも変わらないように思えた。

ところが二〇一二年にクラウドファンディングサイト〈キックスターター〉で資金を募ったところ、状況は一変。ギークたちの関心を集め、わずか四日で目標額に到達して起業にこぎつけることができたのである。二〇一三年の七月までに五万セットを販売し、小売大手の〈トイザらス〉と全国流通契約を結ぶにいたる。

〈ゴールディー・ブロックス〉の躍進の陰で割をくったのが、CMソングのパロディ元となったビースティ・ボーイズだ。〈ゴールディー・ブロックス〉の動画がインターネットで大きな話題を集めたことで、オリジナルの楽曲を作った彼らが血祭りにあげられた格好になったからである。彼らは〈ゴールディー・ブロックス〉に礼をつくしつつも、穏やかに無断使用への異議を申し立てる公開書簡を送った。ところが、同社は「楽曲のパロディは合法である」と逆にビースティ・ボーイズを訴えるという荒業に出た。[*3] パロディをした側がオリジナルを訴えるとは前代未聞だが、それでも世論は〈ゴールディー・ブロックス〉に味方した（現在では和解が成立し、[*4] 公式動画では楽曲が差し替えられている）。

ゴールディーズ・クランキン・クラブハウス　風車小屋を組み立てながらクランクのしくみを学ぶことができる
（http://www.goldieblox.com/より）

だいたいにおいて、フェミニズム的な主張はヒステリーやクレーマー扱いされて終わるものだ。にもかかわらず、たったひとりの奮闘で世間の空気を変えた彼女の賢さとセンスのよさには勇気づけられずにはおれない（訴えたわけでもないのに一方的に悪者にされてしまったビースティ・ボーイズは気の毒としかいいようがないが)。

二〇一四年には、スポット一枠ごとに四五〇万ドルを要求されるという高額なスーパーボウルのテレビCM枠に、〈ゴールディー・ブロックス〉が仲間入りを果たした。[*5] 従業員一五人程度のスタートアップがどうやって? ゴールディー・ブロックスにCM放送権を与えたのは、中小企業を応援する〈Intuit〉主催の〈スモール・ビジネス・ビッグゲーム・チャレンジ〉だった。一万五〇〇〇以上の企業が参加した中で、もっとも多くの票を得たのが、〈ゴールディー・ブロックス〉だったのである。同社の理念を支える大規模なファンコミュニティが、すでに確立していたことの現れといえる。このとき流れたテレビCMは、ピンクのお城やおままごと道具、お人形といった女児玩具を少女たちがもちより、ロケットにして宇宙に打ち上げるというものだった。[*6]

女の子たちよ、声をあげよう
ピンク、ピンク、ピンクばっかり!
私たちは考えたいの
何かを組み立てて、知性を育みたい

さあ、私たちの時間よ

「ガールズ、男の子たちみたいに組み立てようよ」という歌詞のメッセージ性に加え、ミスコン会場の少女たちがティアラを脱ぎ捨ててロケット打ち上げに参加する映像は、マッチョな男性の好みに合わせて作られがちなスポーツ番組のCMとしては、非常に画期的だったはずだ。

おもちゃ業界は間違っていました。確かにお姫様やティアラが好きな女の子もいますし、私も好きですが、もっと他にも面白いことがあるのです。可能性はたくさんあります。（前述のTEDトークより）

〈ゴールディー・ブロックス〉は〈スピニングマシン〉の成功の後、回転覗き絵〈ゾートロープ〉の装置を組み立てて原始的なアニメーションを作成できる〈ムービー・マシン〉、水嫌いの飼い犬を洗うためにてこの原理とちょうつがいを利用して犬の人形をコップの水に叩きこむ〈タンク・ダンク〉など、ゴールディーの世界を広げるキットを続々と展開している。[*7] いずれも力学の基本を遊びながら学べると、女児親の評判も上々だ。

女子向けSTEM玩具の登場

〈ゴールディー・ブロックス〉と同時期に、〈キックスタータ―〉で資金を募って商品化にこぎつけたもう一つの女児向けのエンジニアリング玩具が、DIYドールハウスキット〈ルーミネイト〉だ。*8 考案したのは、スタンフォード大学修士課程のエンジニアリングプログラムで出会ったアリス・ブルックスとベティーナ・チェンの二人の女子大生である。二人は周囲の女性率の低さや女性エンジニアの少なさについて語り合っているうちに、自分たちが女子向けおもちゃではあまり遊ばず、組み立て系のおもちゃで遊んでいたことに気付いた。アリス・ブルックスが八歳の誕生日にプレゼントされたおもちゃは、のこぎりだったという。そこで彼女たちは、一般的な女の子の心をくすぐるかわいさを保ちながら、理系分野を学べる玩具を作ろうと考えた。*9 こうして生まれた〈ルーミネイト〉は、パステルカラーのパネルなどを組み合わせて自由にドールハウスを組み立てることができる玩具だ。ただのドールハウスではない。モーター、電池、ケーブル、ライトなどが付属しており、これらを配線することで部屋

〈ルーミネイト・スクールハウス〉
©Patch Products, LLC（2016年に PlayMonster LLC に社名変更）

の灯りをともしたり、扇風機を回したり、といった電子工作が可能になる。もちろん、布や紙などを貼ってかわいくデコレーションすることも自由だ。〈キックスターター〉に投稿された試作品の画像はいずれもかわいらしく、資金調達を始めた二〇一二年五月からわずか数ヶ月で商品化が決定した。〈ゴールディー・ブロックス〉のようにパンクな販促キャンペーンこそ行わなかったものの、その先進性は大手メディア各社に取り上げられ、教育に関心の高い保護者の注目を集めることになった。〈トイザらス〉や〈ウォルマート〉などの大手チェーンでの取り扱いが始まるまで時間はかからなかった。

最終的に、〈ルーミネイト〉は「Time」誌の「トイ・オブ・ザ・イヤー」に選ばれるまでに成長した。ピンクのフェルトとモーターを組み合わせて綿菓子メーカーを作ってしまうような現役女の子たちの遊び方に驚いた彼女たちは、さまざまな拡張パッケージやアドオンを投入し、今やドールハウスにはおさまらない展開を見せている。iPhone や iPad からライトやモーターをコントロールできるアクセサリー〈rPower〉もその一つだ。

〈ゴールディー・ブロックス〉と〈ルーミネイト〉が米国でここまで注目を集めた背景には、ピンク・プリンセスまみれの女児玩具へのアンチテーゼという要素ももちろんある。しかしそれ以上に、女子に対するＳＴＥＭ教育熱の高まりが挙げられる。ＳＴＥＭとは、Science、Technology、Engineering、Mathematics の頭文字で、科学、技術、工学、数学といった、いわゆる理系領域を総称する言葉である。アメリカではオバマ前大統領が就任して以来、ＳＴＥＭ教育の推進を教育政策の一つとして掲げたことで、広く問題意識が共有されるようになった。科学技術分野での優位性を保ち続けるためには、ＳＴＥＭスキルを有する人材の育成が不可欠だからだ。このため小学校から大学まで、プログラミングやロボット製作などのプログラムが盛んに行われている。とりわけＳＴＥＭ関連職種に占める女性の割合は二四％にとどまっていることから、女性技術者の育成が急務となっているのだ。[*10] 二〇〇九年に八～一七歳の全米の男女を対象に行った調査によれば、エンジニアリング職に興味を持っている男の子は二四％だったのに対し、女の子はわずか五％しかいなかった。[*11] 単純に考えて、女の子の興味を男子並みに引き上げることができれば、それだけ国内のＳＴＥＭ系人材が増えることになる。さらにＳＴＥＭ関連職種に就いている女性がそれ以外の女性に比べて三三％給与が高いというデータ[*12]は、保護者にとっても魅力的に映る。仕事に就くなら、なるべく給与の男女間ギャップの小さい職業を選んでほしいというのは親心だろう。

ピンクに反逆する女児たち

女児の中にもピンク・プリンセスへの反逆者が登場している。二〇一一年、ピンクまみれの女児玩具コーナーに立った四歳の女の子ライリーが、「おもちゃ会社は女の子にピンクのおもちゃを買わせようとしている！　なんで女の子みんながプリンセスのおもちゃを買わなきゃいけないの？」「女の子はみんなピンクのおもちゃ、男の子はピンク以外のおもちゃを買わなきゃいけないのはなんで？」「プリンセスが好きな女の子もいれば、スーパーヒーローが好きな女の子だっているんだから！」と怒りながら訴える（だけの）動画が、[13] YouTubeで四〇〇万回以上も再生され、全米注目の的となった。幼い見た目に合わない理路整然とした話しぶりもさることながら、話しているうちに激高しておもちゃの箱をバンバン叩き始めるあたりが愛らしい。

米放送局ABCのニュース番組にライリーを招いた女性キャスターは、彼女のことを「スーパーヒーローの哲学者」と呼んだ。[14] バットマンをこよなく愛するニューヨーク在住の普通の四歳児が、一週間で全米のヒーローになってしまったのだ。余談だが、ライリーはこの一年後にキックスターターで資金募集を始めた〈ゴールディー・ブロックス〉をいたく気に入り、動画に登場して資金集めに貢献している。[15]

二〇一四年一月には、アメリカ在住の七歳女児が書いたこんな手書きのメッセージが、母親の手でTwitterに掲載され、ネット中に拡散された。

「今日お店に行ったら、レゴ売り場はピンクの女の子コーナーとブルーの男の子コーナーにわかれていました。女の子のレゴがすることといえば、おうちで座っていたり、ビーチに行ったり、お買い物したりするだけ。女の子には仕事がありません。男の子のレゴは冒険に出たり、働いたり、人を救ったり、サメと泳いだりしてるのに。もっとたくさんの女の子の人形を作って、冒険を楽しませてあげてほしいんです。OK⁉!」[*16]

彼女が「ピンクの女の子コーナー」のレゴと呼んでいるのは、二〇一二年に発売されたレゴの女児向けシリーズ〈レゴフレンズ〉のことだろう。日本の玩具店やレゴショップでも取り扱っているので、ご存じの方も多いはずだ。その世界観の中心となっているのは、動物とスポーツが大好きなミア、歌手を目指すアンドレア、科学と数学が得意で発明好きのオリビア、オシャレでデザインが得意なエマ、文章が得意でエディターやプランナーを目指す仕切り屋のステファニーという五人の少女。彼女たちのキャラに合わせて、ジュース屋さんや動物病院など、さまざまなキットが販売されている。我が家の長女も五歳のころ、科学実験を楽しむオリビアをモチーフにした〈サイエンススタジオ　3933〉をひとめ見て気に入り、私の父にねだって買ってもらっていた（往年のレゴファンである父は、「海賊セットのほうがかっこいいだろ……」と不服そうであったが）。

色合いはラベンダー、ピンク、水色という女児玩具のトレンドをしっかりおさえており、髪色も肌色も五人五様で、人種への配慮も申し分ない。二〇一一年までレゴの女子ユーザーは一〇％にすぎなかったのが、同シリーズが発売されてから一年もたたないうちに二七%にまで伸びたというから、女児からの支持も十分だ。同社は二〇一三年、〈レゴフレンズ〉部門の二ケタ成長を報告した。[*17] 少なくとも女児を組み立て玩具に誘い込み、空間把握能力を育てるという点において、意義深いシリーズであることは間違いない。さらに日本で生まれ育った私の目から見ると、同シリーズは女の子の興味を制限しないよう、相当な配慮を施しているように見える。なにしろ日本製の女児玩具で、科学実験をしている女の子のお人形セットなんてきいたことがない。手品女子、空手女子(!)をモチーフにしたキットまであるのだ。

だが、家の中ばかりと言われれば、たしかにそうなのだった。少女という設定上いたしかたないが、有職婦人率も低い。ゴージャスなホテルで遊ぶキットはあれども、冒険はしない。社会が期待している「女の子」像をまだ内面化していない女児が不満をためるのも無理はない。

このかわいくも勇ましい女の子の手紙が好意的に拡散されてから約半年後の八月、レゴ社は再び話題の的になった。女性の化学者、天文学者、古生物学者をモチーフとした〈リサーチ・インスティテュート(研究所)〉セットを発売したのである。[*18] 女の子の願いをさっそく叶えた同社に、人々は喝采を送った。とはいえこの新製品、ストックホルム在住の女性地球科学者エレン・クイマンが〈LEGO Ideas〉に二〇一二年に投稿し、ネット投票で一万票を獲得したアイデアがようやく日の目をみたものだった。[19] 二〇一三年秋の審査では見送りになったアイデアが復活当選した背景には、女の子の手紙が話題になったことも多少関係していたかもしれない。実態はどうあれ、この新製品は女の子の望みに応えたという文脈で多くのネット・メディアに取り上げられた。あわせて、イギリスの女性科学者が同製品を使って女性研究者の日常を再現するTwitterアカウント〈@LegoAcademics〉も話題を集めた。一連の騒動で、「レゴは女の子の知性を育む素敵な玩具」という好印象を多くの人に与えられたことは間違いない。

一方で、往年の中性的なレゴを愛する人々の中には、〈レゴフレンズ〉シリーズに懐疑的な人も少なくない。〈レゴフレンズ〉シリーズ発売直後には、レゴの男女平等を求める請願書に五万七〇〇〇名分の署名が集まった。[20] 一番多い批判は「ラベンダー、ピンク、水色というカラーリングで女児向けに特化した玩具を作ってしまうと、女児はそのほかの色味のキットを男の子向けだと思って近づかなくなってしまう」というものだ。これは娘親としても実感するところで、我が娘をレゴショップに連れて行っても、〈レゴフレンズ〉コーナーにしか立ち寄らないのである。定められた形を作るだけのキットではなく、自由に組み立てられるシンプルなキットを与えたい親には、歯がゆく感じられるところだろう。とはいえ、ピンク、水色、ラベンダーの三色で彩られたコーナーにしか近寄らない女児が多い以上、そこに組み立て玩具を置くこと自体に一定の意義があるのは認めざるをえない。レゴ社のブランド・ディレクターであるマイケル・マクナリー氏は、批判にこたえて「〈レゴフレンズ〉は女の子が他のレゴに興味をもってもらうためのゲートウェイなんです*[21]」と語っている。

〈ピンクスティンクス〉

もちろん、これはレゴだけが抱える問題ではないのだった。玩具業界全体に向けて、「玩具をピンク（女児）とブルー（男児）で分けることをやめるべきである」と訴える保護者団体も出てきた。

たとえば、ロンドン在住の双子の姉妹エマとアビが二〇〇八年に設立した団体〈ピンクスティンクス（ピンク色の悪臭）*[22]〉が典型的だ。きっかけは、エマ自身の四歳の娘へのプレゼントとして、パーティバッグに入った化粧コンパクトを贈られたことにあった。四歳の女の子にお化粧ですって？　ありえない！　ただちに彼女たちは、八歳以下の子供にメイクアップ玩具を売らないよう、小売業者やメーカーに要請するキャンペーンを展開することにした。玩具だけではなく、女児向けにピンクの靴を販売するイタリアのブランドや、メイクアップ付録付きの女児雑誌も批判の対象となった。さらに彼女たちは、「女児はピンク、男児はブルー」というカラーコードによる玩具の区分が、男女のステレオタイプを促進しているとも批判した。玩具の色分けを、一方の性のみを高賃金でステイタスの高い仕事に導く「カラー・アパルトヘイト」だと訴える元英国政府顧問エド・メイヨーも、〈ピンクスティンクス〉の支持者の一人だ。[*23]

六歳の女児向けにブラトップを販売したとして〈ピンクスティンクス〉に批判された〈マークス＆スペンサー〉のほか大手小売二社は、ピンクのプレイモービルセットから「女児向け」、科学実験キットから「男児向け」のラベルを剝がすことに同意した。二〇一二年四月には、子供が自分の身体に自信を持てるよう促したという理由で、イギリスの大規模な保護者コミュニティ〈マムズネット〉による賞が〈ピンクスティンクス〉に与えられた。[*24]

〈マムズネット〉自身も、二〇一二年一一月より同様のキャンペーンを始めている。小売店におもちゃを性別でカテゴライズしないでほしいと要請する〈レット・トイズ・ビー・トイズ（おもちゃをおもちゃとして扱おう）〉キャンペーンがそれだ。[*25]保護者たちはまず、男児玩具が色・内容ともにバラエティに富んでいるのに対し、ピンク色の女児玩具が「お世話」と「かわいさ」という領域に限定されているという懸念を表明した。さすが保護者団体というべきか、キャンペーンが始まってからわずか一年間で、〈トイザらス〉など大手小売業七社が、玩具コーナーから女児向け・男児向けの標識を取り下げ、プライベートブランドの玩具に性別ラベルを用いることをやめた。次いで五社がこれからそうするつもりであると表明した。〈レット・トイズ・ビー・トイズ〉の調査によれば、イギリスとアイルランドの玩具店では、前年のクリスマスシーズンと比較して性別区分が六〇％減少したという。[*26] 二〇一五年一一月には、〈トイザらス〉のイギリス版オンラインストアでも、おもちゃの男女別区分が廃止された。[*27]

二〇一四年には、児童書を男女別に分けることに反対するキャンペーン〈レット・ブックス・ビー・ブックス〉も始まった。[*28]『ライラの冒険』シリーズの著者である児童文学者フィリップ・プルマンは、同キャンペーンを取り上げ「Guardian」紙のインタビューに対し、「私はピンクとブルーの色分けに反対だ。それは中に入って楽しもうとする子供たちの目の前でドアを閉めるようなものだからね」と答えている。[*29]〈レット・トイズ・ビー・トイズ〉キャンペーンが始まる以前にも、フロアを男女別にピンクとブルーで分けていたロンドンの老舗玩具店〈ハムレイズ〉が、Twitter で炎上する事件も起きた。男の子のフロアはアクション、冒険、乗り物、宇宙船、科学セット、組み立て玩具などバラエティに富んでいるというのに、女の子のフロアはおままごとや美容玩具、人形ばかりであるのは、「ジェンダー・アパルトヘイト」だというのが非難の理由だった。炎上の発端となったあるブロガーは、こうした女児コーナーを「ピンクの海」と呼んで手厳しく批判した。直後に同店は、男女別のフロア区分を撤廃した。[*30]

政治問題としてのピンク・グローバリゼーション

アメリカでは若い女性や女児が発端となることが多いアンチ・ピンク運動だが、イギリスでは保護者を中心に比較的年配の男女によって先導されるのは興味深い。もともと日米ほどには性別役割分担意識の強くないとはいえ、エンジニアに占める女性の割合も、欧州の中で一番低い。[*31]この原因を、ピンク・グローバリゼーションにみる人は少なくないのだ。二〇一四年一月、エリザベス・トラス教育大臣は、性別に特化した玩具は女の子を数学や科学から遠ざけると警告し、中性的なレゴを娘に買い与えるように全国の保護者に呼びかけた。[*32]二〇一四年二月に行われた英国議会では、三人の女性議員が科学と工学における女性の少なさは、女児玩具のピンク・プリンセス化によるものではないかと問題提起している。[*33] ことは国力に関わってくる政治問題なのだ。

イギリスではおおむね勝利をおさめつつあるように見える保護者運動だが、他国ではどうだろうか。オーストラリアでは二〇一四年に、クリスマスシーズンに向けて〈ノージェンダー・ディセンバー（性別のない一二月）〉キャンペーン[*34]が展開され、さまざまな議論を呼んだ。キャンペーンの公式サイトには、「子供達が性別に特化したマーケティングに振り回されることなく、好きなクリスマスプレゼントを選べるようにしよう」という主旨が綴られている。このキャンペーンの指揮をとったのは、「緑の党」所属の上院議員ラリッサ・ウォーターズである。彼女はあまりに早い年齢で男女の性役割を刷り込まれると、将来的に家庭内暴力やジェンダーによる賃金格差などの問題を引き起こすと指摘している。[*35] また、ドイツでも、〈ピンクスティンクス〉の活動に感化された同名の団体が誕生している。[*36]

多くの企業が保護者の要求を聞きいれ、男女別のフロア分けやカテゴリー分けを撤廃する一方で、そうはしなかった企業もある。ある玩具小売チェーンは、「女の子がピンクを好むのは生物学的な理由に基づくものだ」と〈ピンクスティンクス〉の要望をはねつけた。

ジェンダーと玩具

読者の中には疑問に思う人がいるだろう。男児と女児の玩具の好みの傾向差は、社会的に作られたジェンダーにすぎないのか。それとも生まれつきの性差なのか。子育て中の親の大半は、答えは後者だと感じているのではないだろうか。こちらが刷り込んだ覚えもないのに、三歳にもなるとはっきりと男女で遊びや好みが分かれてしまうのだから。やはりなんらかの生物学的な根拠がありそうなものである。

まずはピンク・ブルー問題を抜きにして、単純に玩具の傾向だけを見てみよう。男の子はブーブ、女の子はお人形。これは社会の影響や同性間の同調圧力によるものなのか、もしくは生まれながらの好みなのか。こうした疑問に手がかりをしめす面白い実験を試みた学者がいた。アトランタのヤーキス国立霊長類研究センターの心理学者キム・ウォーレンらは、被験者を集め、車輪のついたおもちゃとぬいぐるみを用意した。[*37]ただし被験者は、オス一一匹とメス二三匹のアカゲザルである。オスは圧倒的に車輪のおもちゃで長く遊び、メスは車輪のおもちゃよりもぬいぐるみで遊ぶ時間がやや長かった。これは人間の子供とほぼ同じ傾向である。この実験結果は「子供のおもちゃの好みは社会的ジェンダーの反映にすぎない」という、これまで主流だった説を大いに揺るがせた。サル界において、「オスのくせにお人形で遊んでやがらあ！　やーいオンナオトコ！」「トラックで遊んでるメスってカワイクなーい」などという同調圧力が発生するとは考えづらいからである。

米国テキサスA&M大学の心理学者ジェリアン・アレキサンダー教授は、男女で玩具の好みが違う理由は、目の構造の性差にあるのではないかと推察している。[*38] 目の網膜は光を神経シグナルに変換する組織だが、光の情報を中枢神経へ伝達する神経節細胞の分布は、男女で大きく異なる。男性の網膜に広く分布する〝M細胞〟は、おもに位置・方向・速度に関する情報を集め、色には反応しない。これが、男児がボール遊びや車のおもちゃを好む理由ではないかと考えられている。鉄道マニアがほぼ男性で占められている理由も、M細胞で説明できるのかもしれない。一方、女性の網膜には、色や質感に関する情報を集める〝P細胞〟が広く分布している。女児のほうが色にこだわり、描く絵がカラフルであるのはこのためではないかというのである。

男児向け玩具のカラーリングが多様であるのに対し、女児向け玩具がピンクなどのパステルカラーに特化しているのも、P細胞のせいなのかもしれない。幼い女の子の中にはピンクを見ただけで高揚してしまう子も少なくないが、男の子の場合、特定の色にそこまで入れ込むことはそうそうないからだ（なお、母親の胎内で男性ホルモンの一種であるアンドロゲンに大量に曝された女児は、男の子用のおもちゃを好む傾向があることも報告されている）。

ではなぜ、女児が選ぶ色はピンクなのか。これについても生物学的根拠を見いだせそうな面白い研究がある。一九八七年、ウィスコンシン大学マディソン校ハーロウ霊長類研究所のハイグレイ教授らは、アカゲザルのメスがピンクを好むのかどうかを検証する実験を行った。*39 アカゲザルは、新生児の赤ちゃんだけが赤みを帯びたピンクの顔色をしている。そこで生後六ヶ月のそこそこ成長した幼児を、赤ちゃんと同じ顔色に染色したら、成人のメスはどう反応するのか。赤ちゃんと同じピンクに塗られた幼児、異なる色に塗られた幼児、普通の幼児を成人のメスの前に用意し、その扱いの違いを調べた。すると、育児歴・年齢にかかわらず、メスは一様にピンク色に塗られた幼児に好意を示したのだ。

ここから考えられるのは、女性が一般に赤やピンクを好むのは、そうした好みを持つ女性のほうが、乳児の生存率をあげることができたからなのではないかという仮説である。赤やピンクを見てときめく女性が、そうでない女性よりも赤ちゃんを手厚く保護するならば、結果として赤やピンク好きの遺伝子が生き延びやすいということになる（何しろ〝赤〟ちゃんというくらいですし）。アースカラーを好むほっこり系女子は、奇跡的に自然淘汰を免れた貴重な存在なのかもしれない。

ファッションドールが女の子に教えること

以上に挙げた説は、すべて仮説に過ぎない。仮にこれらの説がすべて正しいとしても、アンチ・ピンク派の主張が揺らぐことはないだろう。彼女たちが懸念しているのは、ピンクそのものより、ピンク色の玩具に込められた意味にあるのだから。もっとも多い批判は、お世話、家事、美容といった従来の性別役割分担を踏襲するピンク色の玩具で遊ぶことで、低賃金労働、無償労働に追いやられてしまうのではないかといったものである。英ローハンプトン大学の教育学の教授であるベッキー・フランシスは、子供時代の遊びが将来の職業選択に及ぼす影響は大きいと考えている[*40]。フランシス教授が三〜五歳児を持つ親を対象に行った研究によると、男の子はアクション、組み立て、機械系の玩具を与えられることが多く、女の子は人形、美容といった女性的と考えられている領域の玩具を与えられることが多かった。男児向けとされる玩具は空間把握能力などを育む教育要素が高いのに対し、女児向けはそうではない。シカゴ大学が一九九九年に実施した調査によれば、四歳半の時点で空間認知能力を示すテストで男児のほうが女児より高い成績を収めるようになる。[*41] ブロックでタワーを積み上げたり、おもちゃの剣でチャンバラごっこをしたりする男児の遊びは、空間認知能力を身に付けるのに最適だ。

玩具業界コンサルティング企業〈グローバル・トイ・エキスパーツ〉が二〇一一年に一七〇〇人のアメリカ人の母親を対象に行った大規模調査では、母親たちは自分の子供時代と比べて娘が中性的な玩具で遊ばなくなっていると答える傾向が見られた。[*42] 組み立て玩具やサイエンスキットといった中性的な玩具それぞれについて、自分たちが遊んでいたと答えた率と娘が遊んでいると答えた率を比較したところ、平均して二五％低下していたのである。〈グローバル・トイ・エキスパーツ〉ＣＥＯのリチャード・ゴットリーブ氏は、「医師や建築家、料理人になりたいと思うことは、ほんの幼いころ、聴診器をつけて歩き回るか調理玩具で遊ぶかですでに始まっているのだ」と語る。

イギリスの大手小売チェーン〈アルゴス〉は、子供時代の遊びと職業にははっきりと相関が見られたとする調査レポートを二〇一三年に発表した。[*43] 建築家、デザイナーなどデザイン関連の仕事に従事している成人のうち六〇％以上が子供時代ブロックで遊ぶことを好み、会計士、銀行員など数学関連分野で働く人の六六%以上が子供時代にパズルに夢中になっていたという。ファービーが好きだった子供は教師に、スター・ウォーズのR2-D2のレゴを愛した子供はエンジニアに。クリスマスシーズンに向けた販促用のレポートだからどこまで信じていいかはわからないが、気になる調査結果である。女児がピンク色ではない科学系や組み立て系の玩具を男児向けだと思い込み、さまざまな能力を育む機会から疎外されてしまうなら、ゆゆしき事態ではないだろうか。

そしてもっと大きな問題は、女の子がピンク色の玩具を通じて幼いころから自身を性的な対象として客体化し、摂食障害や鬱に追い込まれてしまうことである。

二〇一三年、依存症情報サイト〈Rehab.com〉がバービー人形と現実の女性を並べたピンク色の画像を発表し、ネット上で話題を集めた。[*44] バービー人形の体型を実際の人間サイズに変換し、アメリカ人女性の平均値と比較したうえで、バービーの体型が現実的にありえないことを検証した画像だ。バービーを身長一六三センチの女性だとすると、そのウエストサイズは四〇センチほどで、肝臓の半分と腸少々しか収まらないという。また足首は子供サイズであるため、四つん這いでないと歩行は不可能。首はアメリカ人女性の平均よりも二倍長く、一五センチ以上細いため、自分の頭を持ち上げることはできない。この画像を公開した〈Rehab.com〉は、ピンクの体重計の背景画像と「ダイイング・トゥ・ビー・バービー（死んでもいいからバービーになりたい）」というコピーとともに、非現実的な体型への憧れが少女の摂食障害を加速させていると警告している。

〈ゴールディー・ブロックス〉が二〇一四年に初めてアクションフィギュアを発売した際のプロモーション動画は、「ファッションドールは女の子たちに賢さよりも美に価値を置くように教える。三秒につき一体が売れていく」というセンセーショナルなコピーから始まる。[*45] ドールではなくあくまでアクションフィギュアと銘打っているのは、少女たちを過度に美へと駆りたてるファッションドールへのアンチテーゼなのだ。

ピンクという色自体に罪はなくても、弊害は大きい。

第三章
リケジョ化するファッションドール

愛らしい顔立ちときゃしゃな体型で、フリフリした衣裳をまとうかわいい系のリカちゃん人形。目力強めの濃いメイクとスーパーモデル並みの体型で、ゴージャスな服を着こなすセクシー系のバービー人形。いずれも日本の少女に人気のファッションドールだ。どちらで遊ぶかで派閥が生まれるほど対照的なキャラクターを持つ彼女たちだが、ひとつ共通していることがある。

それはどちらも、「算数が苦手」だった過去があることだ。

一九六七年七月にタカラ（現タカラトミー）から発売された〈リカちゃん〉こと香山リカ（小学五年生）の発売当時のプロフィールは、「算数はニガ手だけど、国語、音楽、美術は得意」であった。現在の公式サイト上のプロフィールからは消えているが、公式Twitterでは「絵日記は算数の宿題よりずっと楽しいわ♪」などと発言しており、文系アート女子ぶりは相変わらずのようだ。

一方、一九九〇年代前半に「数学の授業は難しいな」と語りかけるおしゃべりバービー人形〈ティーン・トーク・バービー〉を米国で発売した〈マテル〉社は、女性団体から批判を浴びることになった。性別ステレオタイプを助長するというのである。抗議を受けて、同社は「我々はこのセリフがもたらす潜在的な負の影響を考慮していなかった」と全面的に謝罪し、購入者には交換に応じると発表した。[*1]

算数が苦手な女の子キャラというものに慣れ親しんでいる私たち日本人の多くは、こんなふうに思うはずだ。女の子の人形が数学が苦手で何が悪い？　男だって苦手な奴がいるだろ？　いつものフェミニストの暴走じゃないの？

とはいえ、「数学の授業は難しいな」と語りかけるG・I・ジョーの人形を目にしたら、たいていの人はギョッとするのではないだろうか。

実際に「数学の授業は難しいな」と語りかけるG・I・ジョーの改造人形を作って、問題提起をした団体がいた。〈バービー解放戦線（BLO）〉を名乗る彼らは、〈ティーン・トーク・バービー〉を三〇〇体ほど購入し、G・I・ジョーのフィギュアの音声装置と取り替えたあと、〝性転換〟したおしゃべり人形をこっそり店頭に戻したのである。かくして、マシンガンを手に「数学の授業は難しいな」「やっぱり夏はビーチよね」とかわいい声で語りかけるG・I・ジョーのフィギュアと、「復讐するは我にあり」といかめしく語るバービー人形が各地のご家庭に出没することになった。*2

彼らの思惑通り、わざわざ算数や数学が苦手だとおしゃべりするG・I・ジョーは、人々に違和感を与えた。私たちが知っている男性ヒーローは、勉強そのものが嫌いで学校的な権威に屈しない（が、真理を直感的に知っている）やんちゃタイプか、天才的な頭脳の持ち主であるか、もしくは勉強とは無縁の世界で生きている。基本的には先生や親といった権威に従順でがんばり屋でありながら、算数が苦手と訴えるのは、いつでも少女キャラクターなのである。

そうはいっても、やっぱり女の子は算数が苦手な子が多いのだから、ユーザーが親しみやすいような要素を盛り込むのは単に商業的な配慮でしょ？　という声もあるだろう。確かに、二〇一五年に世界七二カ国・地域の一五歳（義務教育終了段階）を対象に〈OECD〉が実施した「生徒の学習到達度調査」（PISA）の結果を見ると、数学的リテラシーと科学的リテラシーは全般的に男子のほうが高い傾向にある。[*3]ただし、その男女差は国によって異なる。

日本では数学、科学的リテラシーともに一〇点以上のひらきがあるが、アメリカでは男女差にさほどのひらきがなく、フィンランドは数学、科学的リテラシーとも女子のほうが高い。女子のほうが数学的リテラシーが高い国はフィンランドを含め九ヶ国存在し（インドネシア、ラトビア、アイスランド、ノルウェー、スウェーデン、中国、韓国、イタリア）、女の子のほうが数学が不得意という傾向は必ずしも普遍的とはいえない。また男子の平均点から女子の平均点を引いた値のOECD平均を見てみると、数学的リテラシーは八点、科学的リテラシーは四点である。どうやら日本は数学、科学的リテラシーともに、男女差が大きい国であるようだ。さらに別の調査でも、女子

	男子	女子
日本	539	525
アメリカ	474	465
フィンランド	507	515

表1　数学的リテラシーの平均点（15歳）

	男子	女子
日本	545	532
アメリカ	500	493
フィンランド	521	541

表2　科学的リテラシーの平均点（15歳）

OECD生徒の学習到達度調査（PISA2015）より

のほうが数学を嫌っていることがわかっている。

ところで、「数学が嫌い」と答える女子は、本当に数学が嫌いなのだろうか？

東京農工大学の守一雄教授らは、自覚している好き嫌いとは別に、潜在的な好き嫌いを測定する〈ＦＵＭＩＥテスト〉を用いて、中学生の「ニセ数学嫌い」をあぶり出す調査を行った。[*4] 調査対象になったのは、長野市の市立中学校の生徒たちである。

男子生徒の場合は、アンケート調査による数学の好き嫌いと、〈ＦＵＭＩＥテスト〉における好き嫌いはほぼ一致していた。つまり、「数学が嫌い」と答える男子生徒は、本当に嫌っている。一方、女子生徒ではアンケート調査の結果と〈ＦＵＭＩＥテスト〉の結果は大きく食い違っていた。アンケートでは数学が嫌いと答えた女子も、〈ＦＵＭＩＥテスト〉による結果では数学に肯定的だったのだ。数学のみならず、理科でも同様の傾向が見られた。守教授らは、こうした結果の原因を、女子中学生は「周囲から『女性らしい』と見られるよう『理数科嫌い』を装うことが予想される」と考察し、「ジェンダーステレオタイプによる女性としての望ましさから、周囲が理数離れを起こしやすい状況を提供したり、本人も『理数嫌い』を装ったりすることが、理数科への勉強への動機付けを減じることになり、その結果、成績も下がることになってしまう。(…) こうして、『理数嫌い』を装うことが本当に理数嫌いにしてしまうのである」と結論づけている。

つまり、こういうことだ。「かわいい女の子」のロールモデルが「頑張り屋さんだけど、算数は苦手」である社会では、かわいい存在でありたいと願う女の子は自らそちらのイメージに〝寄せていく〟のである。本来の好き嫌いにかかわらず。そうして、本当に数学がわからなくなってしまうのだ。

このように、「女の子は数学が苦手」「男の子は作文が苦手」「黒人は白人よりも勉強ができない」といった自分が属する集団への否定的な偏見を意識することで、ステレオタイプにかかわる能力が実際に低下してしまう現象は、社会心理学用語で「ステレオタイプ脅威」と呼ばれる。心理学者クロード・スティールらが数学能力の高い大学生の男女混合グループを対象に行った研究が典型的だ。[*5] この研究では、数学テストを行う前にあるグループには「テストでは通常男女に点数に差がつく」と告げ、別のグループには「テストでは通常男女の差は出ない」と告げた。結果は劇的だった。男女差はないと告げられたグループでは実際に男女の点数差はほとんどなかったのに、男女差がつくと告げられたグループの女子の成績は極めて悪かったのだ。ほかの調査では、数学テストの前に性別を聞かれただけで女性のテスト結果が有意に悪くなったという結果も報告されている。

大学時代、一般教養で情報系の授業を取ったときのことを思い出す。教科書をざっと見る限り、ＢＡＳＩＣのプログラミングのほんのさわりを扱う授業で、小学生でも理解できそうな内容だった。情報系の教授が文学部生のためにと心を砕いたのだろう、詩を出力するだけのプログラムもあった。

しかし、きれいにお化粧をした隣席の女子学生は、最初の授業から「無理……」と蚊の鳴くような声で話しかけてきた。中学数学よりはよっぽど簡単だと思うよ、と言いたかったが、「女の子の私がコンピュータなんかできるわけがない」という思い込みが理解を拒んでいるようだった。結局、課題は私が代わりに作ってあげることになった（一回の代返と引き替えに）。決して怠け者でもおバカキャラを装っているのでもない、大学受験を突破してきた努力家の女子学生でさえそうなのだ。悲しいことに、子供のころに勉強ができた従順な女の子ほど、成長してから社会における「女の子はおバカなほうがかわいい」という規範に従順に従ってしまうことはよくあることだ。「女の子だから理系分野はできない」し、そのほうが「かわいい自分でいられる」というステレオタイプは、強固に女性自身を縛っている。

ちなみに、女性団体から批判を受けた〈マテル〉社はその後、バービーの数学嫌いを克服させ、二〇一〇年にピンクのノートパソコンを手にしたコンピュータ・エンジニアのバービーを発売している。[*6] レゴにも女性科学者が仲間入りしたのは前述の通りだ。オバマ前大統領就任以降、アメリカで女子をSTEM領域に惹き付ける試みが続いていることと、二〇一二年のPISAで同国の女子の科学リテラシーが男子より高くなったことは、無関係ではないだろう（二〇一五年一〇月には、米スタンフォード大学に在籍する女子学生の間で、これまで一番人気だったヒト生物学よりもコンピュータサイエンスの志望者が上回ったというニュースが世界中に配信された[*7]）。

一方でリカちゃんの職業はというと、ナースやプリンセスといった定番のほか、回転寿司チェーンの店員、アイスクリームチェーンの店員、ドーナツチェーンの店員、ピザチェーンの配達員などがラインナップされている。タイアップなのだろうが、働く女性のうち六割が非正規雇用である日本女性の置かれた立場を暗示しているようで切ない（バービーは大統領になっているというのに）。女児の夢を叶えるリカちゃんハウスの最新版は、太陽光発電、洗濯乾燥機、ルンバ風のロボット掃除機、電動自動車と、最新家電が勢揃いのスマートハウスである。電動自転車なら一人で双子の送り迎えができるし、洗濯乾燥機とロボット掃除機があれば家事育児しながら仕事にも行けるわ……。女の子の夢が重すぎる家事育児負担を減らすことに終始していては、職業が二の次になってしまうのは仕方のないことだ。これもまた、日本女性の現状を反映しているのかもしれない。〈おしゃべりスマートハウス　ゆったりさん〉の商品写真をよく見てみると、台所に立つのはお母さんとリカちゃんで、ダイニング・テーブルでゆったりしているのはお父さんだけなのだった。夢の世界でも女の子がかわいい台所に縛りつけられているかぎり、プログラマー・リカちゃんや古生物学者リカちゃんが登場する日は遠そうだ。

バービー売り上げ不振の理由

前述のとおり、バービーを販売する〈マテル〉社は批判にも真摯に対応し、バービーが性別ステレオタイプを助長しないようにさまざまな職業を与えてきた。〈Netflix〉

のオリジナルアニメ『バービー：ライフ・イン・ザ・ドリームハウス』を娘たちときどき見ているが、スキューバのインストラクター、獣医、ビジネスコンサルタントなど一三五種類の仕事を兼業していることになっているバービーは、実に忙しそうだ。ピンクの大豪邸でのゴージャスな暮らしぶりに欲望を刺激された娘に「あんな家に住みたい」と言われたら、親はこう答えればいいのである。「一三五個の仕事を持てばあんたも住めるよ。がんばって勉強して大豪邸をピンクに塗り立てなさい」。なんて教育的だろう。

　にもかかわらず、バービーの売り上げは近年少しずつ落ちてきている。二〇一四年には前年比一六％、二〇一五年には一四％も落ち込み、二年連続の二桁減となった。全米小売業協会による全米の保護者を対象としたアンケート調査では、一一年間にわたり女の子が欲しいおもちゃナンバーワンだったバービー人形が、二〇一四年のクリスマスシーズンに初めて一位から転落した。[*8] 一位の座を奪ったのは、その年の大ヒットプリンセス映画『アナと雪の女王』関連グッズだった。金融情報サービス大手のブルームバーグは「バービーの人気が後退しているのは明らかだ。ほかの人形の人気に押されている」と分析している。

　二〇一四年三月に発表されたこんな調査結果も、バービー人気の後退に一役買っていそうだ。米オレゴン州立大学の発達心理学者オーロラ・シャーマンらが四〜七歳の女の子三七人を対象に行った調査によると、バービー人形で遊んだ女の子は、男の子よりも自分が就ける将来の職業の選択肢は少ないと考えているという。[*9] 三グループに分けられ、それぞれお医者さんのバービー、ファッションモデルのバービー、そして映画『トイ・ストーリー』に登場するジャガイモ女子「ミセス・ポテトヘッド」で五分間遊んだ女の子たちは、一〇種類の職業の写真を見せられ、自分や男の子は将来何種類の職業に就けると思うかと問われた。バービー人形で遊んだ女の子たちは、自分は男の子よりも将来就ける職業の種類は少ないと答えた。これは、ファッションモデルバービーでもお医者さんバービーでも同様だった。自分の職業の選択肢は男の子と変わらないと答えた女の子は、ミセス・ポテトヘッドで遊んでいたグループだけだったのである。

バービーは少なくともミセス・ポテトヘッドよりはキャリアがたくさんあるというのに。いったいどういうことなのだろう?

調査にあたった研究者たちは、その原因がバービーのセクシーなスタイルと見た目そのものにあると推察している。セクシー美女になることを価値の第一に置いてしまうと、必然的に職業の選択肢が減ってしまうのだろう。容姿を重視する限り、忙しすぎてヒゲが生えてきそうな職業や、筋力を求められてゴツくなってしまうような職業は避けるのが無難だからだ。

また、二〇〇六年に英サセックス大学のヘルガ・ディットマーらが五〜八歳の英国在住の女の子一六二人を対象に行った調査によると、バービーの絵本を読んだ女児は、現実的な体型を有する〈エンメ（Emme）〉人形やどちらの人形も登場しない絵本を読んだ女児に比べ、自分の身体に対する満足度、身体に対する自尊心が低く、瘦身願望が高いことがわかった[*10]（この傾向は六歳半〜七歳半の女児においてより顕著である）。

この調査結果をどう受け止めるかは人それぞれだろう。調査対象の数が少ないし、遊んだ時間も短すぎる。バービーで遊ぶことの影響を正確に測るには、より長期的なスパンで少女たちを観察する必要があるかもしれない。ただ、こうしたバービーに関する調査研究がいくつもあるということ自体、大人たちの懸念を物語っているとはいえる。高度に情報化された社会では、少女の摂食障害や思春期鬱はつきものだ。これは日本も同様である。バービーやスーパーモデルが提示する「理想のプロポーション」は、欧米やアジアの少女が思春期になると急激に自尊心が落ち込む最大の原因とみなされている。先進国では多くの性差は縮小傾向にあるが、若い女性のほうが男性よりも自分の身体に対する不満が強いという性差は、むしろ時代を追うごとに拡大しているからだ。このことを明らかにするいくつもの調査を挙げなくても、メディアを通じて発信される非現実的な身体イメージが少女たちの自尊心を低下させているという感覚は、かつて少女であった人の多くが持っているのではないだろうか。

伝統的に男女ともたくましい身体が好まれている国であるフィジーを例にとってみよう。一九九五年の調査では、摂食障害は一例のみしか報告されなかった。しかしその年にテレビ放送が始まると、少女たちの体に変化がおとずれた。一九九八年の調査では、少女の八〇％がダイエットに興味を持つようになり、一一・三％もの少女が摂食障害になっていたという。[*11] 彼女たちを追い詰めたのはスーパーモデルだろうか、やせていない女性コメディアンを笑いものにするバラエティ番組だろうか。あるいはテレビの笑いを真に受けて少女をからかうクラスメートだろうか。いずれにしろ、バービーをそうした少女たちを追い詰めるメディアイメージの一つとして考える人がいたって、ちっとも不思議じゃないのだ。

というわけで、保護者が安心して購入できそうなバービーの対抗馬が、いくつか登場することになった。二〇一四年に発売された〈ラミリー〉は、アメリカ疾病予防管理センター（CDC）のデータを基に、一九歳のアメリカ人女性の平均体型を再現したファッションドールだ。[*12] 別売りのシールセットをはると、ニキビ、ほくろ、そばかす、擦り傷、脂肪のセルライト、妊娠線まで再現できる。二〇一五年にはアクセサリーとして生理用ナプキンと生理用ショーツ、および月経周期カレンダーが付属する〈生理パーティ〉セットも発売された。[*13] 大ヒットした『アナと雪の女王』の主題歌ではないが、まさに「ありのままで」だ。自身も高校時代に理想の身体イメージに取りつかれ、過酷なダイエットと筋トレに励んだ経験のあるグラフィックデザイナーのニコライ・ラムが〈キックスターター〉で提案し、一ヶ月で五〇万ドルを集めて商品化が実現したものだ。

二〇一六年に発売が予定されていたファブリック人形〈エンパワーガール〉はよりエシカルだ。プレサイトのトップにはこう宣言されている。「七八%の女の子が自分の身体に自信を持てず、発展途上国の女の子は七人に一人が一五歳になる前に結婚させられている。エンパワーガール人形は、世界中の女の子の自己肯定感と生きるスキルを育むように作られた」。[*14] 現実的な幼児体型は女の子の瘦身願望を掻き立てることはないし、プラスチック製のドールと違って布でできているからエコフレンドリーでもある（髪の毛は毛糸！）。それだけでは昔ながらのおばあちゃんの手作り人形と変わらないが、このドールは一体購入されるごとに、もう一体が恵まれない国の女の子に寄付される仕組みになっている。先進国の女の子だけでなく、発展途上国の女の子の自己肯定感情を育むことも視野にいれているのだ。

しかしバービーの真のライバルは、リアルなドールよりもSTEM要素を加味したドールかもしれない。二〇一五年、玩具レビューサイト〈The Toy Insider〉編集長ジャッキー・ブレイヤーは、娘たちのSTEM分野への興味を育みたい親が増えていることから、STEM関連ドールがジャンルとして急成長していると語っている。[*15] モントリオール銀行系投資会社BMOキャピタル・マーケッツは、STEM玩具が新トレンドのうちの一つになっていると分析した玩具業界レポートを二〇一五年一〇月に発表した。[*16] 教育系ニュースサイト〈U.S.News & World Report〉も、女児向けSTEM玩具が二〇一五年クリスマスシーズンのトレンドとなっていると報じ、そのきっかけを二年前の〈ゴールディー・ブロックス〉のブレイクにあると分析している。[*17] 老舗科学雑誌「Scientific American」ブログはこうした傾向を「科学に興味を持っている女の子の玩具は長年不足していたが、女子へのSTEM教育の関心が高まった今年、ようやく選択肢が広がった」と絶賛し、二〇一五年のホリデーシーズンに向けて女児向けSTEM玩具のギフトガイドを掲載した。[*18] パデュー大学の二〇一四年の調査によれば、組み立て玩具やエンジニアリング玩具を買ってもらう女の子は、男の子の約半分に過ぎない。[*19] そこで女の子の一番人気玩具である人形にSTEM要素を組み合わせることで、新しいマーケットを切り開く動きが盛んになっているというのだ。

ＳＴＥＭドールが一部のフェミニストのみに支持されていると思ったら大間違い。ピンク、ラベンダー、水色で彩られたきらきらしたコーナーにしか近づきたがらない女の子と、娘の健全な精神と未来のキャリアを育みたい保護者のニーズが合致した、業界期待の新ジャンルなのだ。切り開いたのは、間違いなく〈ゴールディー・ブロックス〉と〈ルーミネイト〉の成功だろう。二〇代女性が起業したスタートアップ企業の玩具が、有名メーカーがしのぎを削る〈トイザらス〉や〈ウォルマート〉の棚の一画を占めるなど、従来では考えられないことだったからだ。

〈プロジェクトMc^{2}〉とギークシック

〈マテル〉社の競合である〈ＭＧＡエンターテインメント〉社は、ＳＴＥＭ要素を取り入れたファッションドール〈プロジェクトMc^{2}〉シリーズを二〇一五年八月に発売した。[*20]〈プロジェクトMc^{2}〉が同社の既存のドールライン〈ブラッツ〉に比べて新しいのは、テーマを「ギークシック（おしゃれなオタク）」とし、四種のドールそれぞれに実際に使えるサイエンスグッズが付属していることである。たとえばスパイ組織に所属する天才少女マケイラには、着色水とオイルが二層になったボトルの中に発泡剤タブレットを入れることで色付きの丸い玉がポコポコ浮かび上がる様子を楽しめる化学系インテリア〈ラバライト〉（米国では子供に人気の化学実験である）がセットになっている。他のドールの付属品も、重曹と酢と液体ソープを流し込むことで〝噴火〟させることができる火山、トニックウォーターを入れて振ると光るスティックネックレス、消えるペン、フレグランスボトル、ぜんまいで動くペットロボット用土台と、まさに女の子の好みを取り入れたラインナップだ。人形以外にも、ヒロインが手にしている赤いバッグを実物大で再現した〈アルティメット・ラボ・キット〉は、二〇一五年のクリスマスにパパ／ママサンタたちが娘に贈りたがってやまない人気商品となった。バッグの中にはビーカーやピペット、ペトリ皿、顕微鏡など本当に使える三〇点以上の実験用品と、カラフルでキュートな実験を紹介するブックレットが入っている。カリフォルニア工科大学で土木工学を専攻していた大学時代、クラスに女性が一人しかおらずガッカリしたという同社ＣＥＯのアイザック・ラリアンは、自分の望みは〈プロジェクト Mc^2〉を通じて女の子が〈マイクロソフト〉や〈グーグル〉の未来のＣＥＯになることだと語っている。[*21]

彼女たちのキャラクターを知りたければ、〈Netflix〉で配信されているオリジナルドラマを見ればいい[*22]（二〇一九年七月現在、全六シーズン配信中）。ドラマの内容は、ヒロインのマケイラが転校先の高校で料理化学者アドリ、天才ハッカーのブライ、電子工作マニアのキャムと出会い、女性のみのスパイ組織〈イノベイト〉の一員としてSTEMスキルを活かして王子の護衛などのミッションをこなしていくという、いわば少女版の『ズッコケ三人組』のような内容だ。毎回女の子たちが楽しく化学実験や電子工作で遊んでいるシーンがはさみこまれているので、自然とサイエンスに親しみがもてる作りになっている。

ドラマのエグゼクティブプロデューサーは、「見ている子たちにあなたも賢くてクールな女の子になれると伝えたいの。賢くて、面白くて、スタイリッシュであることは両立できるんだって」と語る。[*23]現実社会でも若者に数学の楽しさを伝える数学者として活動し、本作では四人に指示をくだすスパイ組織の司令塔を演じている女優ダニカ・マッケラーも、『プロジェクト Mc^2』に情熱を傾けている女性の一人だ。「女の子たちには、雑誌の表紙を飾るありがちなモデルやスターになることを夢見る代わりに、ビジネス街でやりがいのある仕事に向かうことを思い描いてもらいたい。賢くあるってことは、自分の人生をコントロールできるということだから」。

日本の子供向けフィクションに登場する賢い女の子というと、『ドラえもん』のしずかちゃんのような従順なお嬢様タイプか、『バクマン。』の岩瀬愛子のようにプライドが高くいけ好かない優等生タイプが定番である。勉強することそのものを楽しんだり、勉強によって得たスキルで活躍することを肯定的に描かれている女の子像はまれだ。そうした女性観に慣れている私からすると、ドラマ『プロジェクトMc^2』の女の子像はひどく目新しく見える。なにしろ巻き髪のギャルが踊りながら工具を操ってポータブル警察無線傍受装置を作ったり、パステルピンクのミニワンピを着たロリータ少女が化学の力で指紋を採取してしまうのだから。

ドラマの対象年齢は七〜一二歳で、いわゆる女児とティーンエイジャーの間の〝トゥイーン〟世代がターゲットとなっている（「トゥイーン」はBetweenの縮約形）。まさにこの世代である私の八歳の長女にちらりと予告編を見せてみたらいたく気に入ったようで、そのまま三話を一気に視聴した。乳酸カルシウムとアルギン酸ナトリウムの化学反応を利用して王子のために化学的スパゲッティを作るくだりでは、「やったことある！」と興奮し、ミッションを終えた四人の少女がテーマ曲とともに暗闇から現れるシーンでは「カッコイイ！　カッコイイ！」と飛び跳ねた。これは日本の女の子にもウケがよさそうだ。

長女にいわせると、クラスの女の子たちは『プリキュア』シリーズ、『アイカツ！』といった女児向け作品は卒業したものの、恋愛中心の少女マンガはまだ早く、小学生向けのコンテンツはたいてい男子主人公モノばかりなのでいまいち入り込めず、コンテンツ難民状態にあるらしい。小学二年生の女の子たちが語り合える作品は、テレビアニメ『妖怪ウォッチ』ぐらいなのだそうだ。日本において、トゥイーン世代向けの大衆コンテンツが軒並み男子主人公になってしまうのは、男の子は女の子主人公の作品には見向きもしないが、女の子は男の子主人公でも大人しく見るからなのだろうと想像する。視聴率を第一に考えれば、男子主人公以外の選択肢はない。

とはいえやはり、女の子だって同性が活躍する物語が見たいのだ。長女は『ドラえもん』を愛読しているが、「真面目に勉強しているしずかちゃんじゃなくて、怠けているのび太のところにドラえもんが来るのが不公平だ」と不満をもらしたことがある。この年代では女の子のほうが勉強や読書を楽しんでおり、女の子は男の子よりも算数ができないという先入観とも無縁だ。『プロジェクト Mc^2』は、STEM要素を差し引いても、そうした女の子たちが心置きなく楽しめる冒険ドラマなのである。

米ディズニー・チャンネルのトゥイーン女子向けドラマ『ガール・ミーツ・ワールド』でも、二〇一六年一月に「ガール・ミーツ・STEM」（シーズン2エピソード26）という、科学実験の授業における性別役割分担を皮肉ったエピソードが放送された。米ドラマ界にも、女児向けSTEMドラマブームが訪れるのかもしれない。

イギリス生まれのSTEMドール〈ロッティー〉

リカちゃん人形によく似た顔のロンドン生まれのファッションドール〈ロッティー〉[*24]は、近年STEMドールとしても注目を集めている。もともとは、幼い女の子がセクシーさを目指すことがないようにと、メイクもアクセサリーもない九歳児らしい体型のファッションドールとして人形メーカーの〈アークル〉社が二〇一二年に生み出したものだ。ハイヒールをはかないから、支えなしに立つことができる。衣裳もショートパンツにタイツ、ロングTシャツなど、カジュアルでありながら色合わせにイギリスらしいおしゃれさが光るリアルクローズが中心だ。ドレスもないではないが、あくまでもパーティにお呼ばれしたときの特別な衣裳という設定である。

同社は小規模企業ならではのフットワークの軽さを活かして、小さな女の子たちからの要望を貪欲に取り入れてきた。結果として、〈ロボットガールロッティー〉などの理系女子セットが生まれることになったらしい[*25]。〈ロボットガールロッティー〉は、リサイクル品で家事ロボットを組み立ててサイエンスフェアに出場する女の子という設定で、原子柄のパーカーに黒縁メガネ、ロボットＴシャツという出で立ちだ。ロボットは別売りで、ネジや歯車のシールを貼ってカスタマイズすることができる。花を頭に付けてピンクの長靴をはいた〈夏フェスロッティー〉、空手着を着た〈カワイイ空手家ロッティー〉、動物シェルターで保護活動のボランティアをしている〈パンドラボックスロッティー〉、水たまりでジャンプすることが好きな〈どろんこ水たまりロッティー〉、マリンルックに身を包んだ〈灯台守ロッティー〉など、理系女子以外のドールもユニークだ。

公式サイトでは、作家のジェーン・オースティン、アレクサンドリアの数学者ヒュパティア、男装でアメリカ独立戦争を戦った兵士デボラ・サンプソンなど、さまざまなジャンルで歴史に名を残した何十人もの女性たちの伝記が公開されている。

二〇一五年にアメリカで開催された国際トイ・フェアには、ルーペとスコップ、バックパックに四つのアンモナイトが付属する〈化石採集家ロッティー〉と、天体望遠鏡と三脚が付属する〈天文学者ロッティー〉が出品され、ＳＴＥＭドールとして話題を集めた。[*26]〈化石採集家ロッティー〉〈天文学者ロッティー〉を生み出すにあたり、〈アークル〉社は女性の古生物学者、考古学者、地質学者、天文学者、欧州宇宙機関（ＥＳＡ）から監修を受けている。ファッションや付属品のリアリティは彼女たちのお墨付きだ。

カナダ人宇宙飛行士クリス・ハドフィールドに憧れるカナダ在住の六歳女児アビゲイルちゃんのリクエストで誕生した〈天文学者ロッティー〉は、二〇一五年一二月に本物の宇宙に飛び出すことになった。[*27] 欧州宇宙機関の宇宙飛行士ティム・ピークに〝お守り〟されたロッティーは、国際宇宙ステーションまで宇宙旅行することに成功したのである。〈アークル〉社の社長が欧州宇宙機関に話を持ちかけ、NASAの承認を経て実現したこのミッションは、アビゲイルちゃんをはじめ世界中の宇宙好き女児を勇気づけるものだった。アメリカではほとんど宣伝されていなかったにもかかわらず、〈天文学者ロッティー〉が宇宙に到着する前にアメリカでの在庫が売り切れてしまったほどだ。

この成功のおかげで売り上げを飛躍的に伸ばした〈アークル〉社は、二〇一六年以降に〈ロッティー〉の家や児童書の発売といった新展開を予定している。一九六五年にはすでに宇宙飛行士モデルも発売されていたバービーを差し置いて、マイナーな〈ロッティー〉がこのような快挙を成し遂げることができたのは、欧州宇宙機関との共同開発で生まれたリアリティと、少女の健康的なロールモデルとして数々の賞を受賞していた教育的効果が公的機関に評価されてのものだろう。

セクシーすぎない女子アクションフィギュア

　こうした女児向けSTEM玩具の盛り上がりを受けて、二〇一五年のホリデーシーズンには大手小売も女児向けSTEMドールを積極的に売り込みはじめた。米〈トイザらス〉は、〈プロジェクトMc^2〉シリーズをホリデーシーズンのホットなトイとしてピックアップしている。対してシカゴの玩具店〈タイムレス・トイズ〉は、〈ゴールディー・ブロックス〉と〈ロッティー〉をフィーチャーした。[*28]〈タイムレス・トイズ〉によれば、二〇一五年は前年比でSTEMドールの売り上げが七倍にも伸びたという。

　男の子向けのイメージが強いアクションフィギュアにも、女子だけのシリーズが登場している。七体すべてが女子キャラである〈IAmElemental〉[*29]シリーズは、「男の子と女の子が一緒に遊べる、セクシーすぎない女性のスーパーヒーローのフィギュアがほしい」と考えたニューヨーク在住の二人の母親が、〈キックスターター〉で出資を募り一六万ドルを獲得して二〇一四年に商品化したものだ。

　女性キャラのアクションフィギュアというと、胸が頭よりも大きかったりと性的部位を強調したものが多いが、同シリーズのキャラクターたちの胸の大きさはいずれも〝ほどほど〟だ。胸だけではなく、足がセクシャルに開きすぎないように、お尻の割れ目も大きすぎないようにと細心の注意を払ってデザインしたという。女の子は、過度にセクシーな女子キャラには感情移入しづらいからだ。

電気インパルスをコントロールする〈エナジー〉、壊れた機械を修理できる能力を持つ〈インダストリー〉といった理系的なキャラクター付けがなされていることから、女の子をSTEMジャンルへと導くフィギュアとしても注目を集めている。『アベンジャーズ』や『スター・ウォーズ』といった男子向けのアクションフィギュアとほぼ同じサイズであるため、アクションフィギュアで姉妹と一緒に遊びたい男の子、娘と一緒に遊びたいパパにも評判は上々だ。二〇一四年の「Time」誌が選ぶ玩具ベスト10にも選ばれた。[*30]

組み立て玩具の老舗メーカー〈ケネックス〉から発売された女児向けのシリーズ〈マイティ・メイカーズ〉[*31]は、女の子のフィギュア付きの組み立てキットで、飛行機、船、観覧車などを作ることができる。

STEMドールたちも、昔ながらの女性のステレオタイプを継承しているといった批判とは無縁ではない。せっかく大手玩具チェーンがピンクとブルーの性別区分を撤廃したのに、後退してしまったという声も挙がっている。〈プロジェクトMc^2〉の化学実験セットに、リップバームを作るキットなど美容系のものがいくつか含まれていることも、批判の対象になっているようだ。

しかし、女児向けSTEM玩具の流行の火は止まりそうもない。

その背景には、娘たちのピンク・プリンセス傾倒に頭を悩ませていた親たちが、彼女たちの趣味を受け入れ始めたことがある。二一世紀以降、世界中の女児をその支配下においたピンク・グローバリゼーションへの批判もひと段落し、女児の好み自体は尊重しようというのが最近の流れになっているようだ。

女児向けに売り出されたピンク色の武器玩具を憂える二〇一四年三月の「ニューヨーク・タイムズ」紙の記事に対し、「The Cut」誌のライターは「ピンクの女児文化には、社会の少女観の変化が反映されている。プリンセスはよりダイナミックに、アクションヒロインはより強く複雑な存在に。『マイリトルポニー』にはフェミニズムの要素が盛り込まれており、少年や若い男性のファン（ブロニー）を集めている。ガーリーにはもうかつてのような意味はない。それはよいことなのだ」「アイアンマンになりきる男児は、エルサのコスプレをする女児ほど馬鹿にされない。同じようにファンタジーで遊んでいるだけなのに。もし私たちがピンクを女児文化の象徴として扱い、同時に軽薄の象徴として扱うなら、女児の世界は重要ではないというメッセージを子供たちに伝えてしまう」と反論した。[*32]「銃で遊ぶ男の子は将来宇宙戦士になると信じているんだと思う人はいないだろう。女の子だって、ピンクの中で同じように自由なイマジネーションをはたらかせていると想定したっていいはずだ。なぜ息子が悪者を殺すべきだと考えることより、王子様が救ってくれると娘が考えるようになることを心配するのだろう」。ある母親は、自分がなぜ娘がピンクを好むことを嫌がるのかを自問した。「キラキラ、ピンクのプリンセス、デコネイル、ティアラ……そうしたものを弱く、退屈で、頭の悪いことと同一視していたのね。それは間違いだった」。[*33]

押し付けた覚えもないのに三〜七歳の娘たちがこぞってピンクやキラキラ、プリンセスを好むのは、おそらく生まれながらの性質なのだろうという見地に、リベラルな親は到達しつつある。ピンクを砂糖とするならば、教育要素のないピンク玩具は砂糖と人工着色料をたっぷり加えたジャンク菓子、ウーマンリブ時代の中性的玩具は加糖ゼロのストイックなマクロビおやつ、女児向けSTEM玩具は砂糖ひかえめのヘルシースイーツといったところだろうか。ジャンク菓子ばかりでは病気になるが、砂糖もバターもないクッキーでは味気ない。ビタミンやミネラルが豊富なドライフルーツ入りケーキで楽しく健全に……STEMドールはそんな存在なのかもしれない。

多様化するドール界

ラベンダーカラーが目印の女児向け〈レゴフレンズ〉シリーズとは別に、レゴの最新キットの数々は、ピンクが嫌いな女子にも耐えうる内容になっている。二〇一三年に発売した女性科学者シリーズが話題を呼んだ〈レゴ〉は、以降もさまざまなキットにSTEM系専門職女性のミニフィグ（ミニ・フィギュア）を組み込むようになった。二〇一五年夏に発売された宇宙船基地キットは、四体のミニフィグのうち二体が女性（航空宇宙エンジニアと宇宙飛行士）となっている。[*34]〈海底潜水艦〉キットでは、女性海洋学者シルビア・アールにオマージュを捧げたミニフィグを含め、パイロットが二体とも女性である。[*35] こうした先進領域のみならず、自動車メカニックといった従来の機械工学分野を象徴する職業にも女性のミニフィグが進出し始めた。いずれもピンクやパステルカラーとは無縁で、男性に混じって働く自然な女性専門職像を提示している。ちなみに日本でも人気の理系ドラマ『ビッグバン★セオリー／ギークなボクらの恋愛法則』（二〇〇七年放送スタート）のキットも最近発売され、主要キャラクターであるエイミー（脳神経学者）とバーナデット（微生物学者）の二人の女性もレゴの仲間入りを果たした。

日本人としては、〈キックスターター〉で現在資金を調達中の多関節人形〈ユナ〉の商品化に期待しないわけにはいかないだろう。[*36] アジア系アメリカ人で、黒髪の三つ編みに赤いロングカーデを着たユナは、地味好みでお勉強が好きな日本の女の子にしか見えない。好きなものは科学、旅行、ロケット、K-POP、秋葉原で購入したデジタルカメラ、日本製のダイキャストメタル玩具、韓国料理、新宿駅近くの路地で食べる焼き鳥。将来の夢はロケット開発企業を設立し、火星に行くこと。ペットの黒猫の名前は「カマ太」。プロモーション動画のロケ地は東京で、居酒屋チェーン〈笑笑〉を背景にニッコリ笑っている。この少々風変わりなSTEMドール〈ユナ〉を提案しているのは、モンスター系ぬいぐるみ〈アグリードール〉を生み出したニューヨーク在住のイラストレーター、デイビッド・ホーヴァスとサンミン・キム夫妻である。夫妻は韓国系の血をひく我が子が、自分の夢や希望を託せるクールでかわいらしいアジア系のお人形が必要だと考えた。それもブルーやピンクではなく、スーパーヒーローやスーパーモデルでもなく、よりイマジネーションを働かせる遊びができるように。一〇インチの多関節人形なら、着せ替え以上の楽しみ方ができるだろう。名前、趣味ともに韓国人とも日本人ともとれるような設定で、地味カワイイ見た目は、ギャル系ドールには食指が伸びないアジア人女子も感情移入できそうだ。日本国内より早く、アメリカでSTEM系日本人女性のドールが発売される日も近いかもしれない。

男の子だってバービーで遊びたい！

バービー人形だって、ライバルたちが化学実験したり宇宙に飛び出したりしている間、ピンク色のドリームハウスでのんびりしているわけではない。二〇一五年一〇月、〈マテル〉社は幼い女の子たちがそれぞれ脳科学の大学教授、起業家、獣医師、博物館の学芸員、サッカーチームのコーチになりきって大人たちの前で熱弁をふるう新しい広告動画を公開した。[*37] バービーは最後に登場するのみで、あくまでも主人公は憧れの職業に挑戦する女の子たち。対する大人たちは何も知らされていない一般人で、そのリアクションが隠しカメラでこっそり撮影されている。「本日は私がみなさんの講師を務めます」「今日の担当獣医は私です」などと語り出す少女を前に、当初は戸惑いの顔を隠せない大人たち。しかし少女の堂々としたなりきりぶりを聞くにつれて、感心したような笑みがこぼれる。最後に自宅でバービー人形を手に大学の講義ごっこをしている女の子の姿が映し出され、「バービー人形で遊ぶとき、女の子は想像したものになれる。あなたは何にでもなれる」とのコピーが表示される。STEMドールに先駆けること半世紀、一九六〇年代からキャリアウーマンをやってきて、キャリアの数では他のどの人形にも負けていないバービーの面目躍如だ。

さらに二〇一五年一一月には、初めて男の子を起用したバービー人形のCMが登場した。[*38] イタリアのファッションブランド〈モスキーノ〉とコラボした〈モスキーノ・バービー〉のCMで、二人の女の子に混じって男の子が「モスキーノ・バービー、ちょーヤバイ（so fierce）！」と声をあげる。モスキーノのクリエイティブディレクターのジェレミー・スコットは、ファッションサイトのインタビューで「すべての少年やゲイの少年たちと同様に、自分もバービーが大好きだ」と語っている。[*39] CMに登場する少年がジェレミーに似せた髪型をしているのも、偶然ではないのだろう。二人の女の子もそれぞれ肌の色が異なっていることから、この動画は人種と性の多様性を尊重しているとして、ネット上で共感を集めた。とりわけ、幼いころから肩身の狭い思いをすることの多い男性バービーファンからの支持は絶大であったようだ。

STEMドールたちがピンクのテイストを残したまま従来の男性領域に進出するなら、バービーはピンク好きの男性を女性の領域へと取り込む。良くも悪くも女性性を象徴してきたバービーだからこそ、できる芸当なのかもしれない。どんなライバルが登場するにせよ、まだまだドール界の女王の座が揺るぐことはなさそうだ。

技術があれば女の子も戦える

なお、〈ゴールディー・ブロックス〉は二〇一五年一一月に、アフリカ系アメリカ人のルビー・レイルズという女の子キャラクターがパラシュートで飛び降りるアクションフィギュアを発売した。[*40] Webアプリケーション開発のフレームワークである〈ルビーオンレイルズ〉にちなんだ名前からもわかるように、ルビーの職業はプログラマーだ。ルビーが担っているのは、パラシュートで遊びながら空気力学を学べるというSTEMコンセプトだけではない。プロモーション動画で新たに提起されたテーマは、アクション映画において著名な主人公は男性ばかりであること、とりわけ有色人種の女性が主人公を務める映画は全体の一%しかないことだった。動画の中でルビーは『マトリックス』などさまざまな有名作品のパロディを演じ、女の子も自分自身で戦えるヒロインになろうと訴えかける。従来であれば、体格や力において劣る女の子が男性と互角に戦うためには魔法や血筋の良さが必要であった。魔法少女シリーズから『プリキュア』シリーズに至る日本の女児アニメのヒロインたち、そしてディズニープリンセスたちは、まさにそうした背景を持っている。でも女の子は今や魔法に頼らなくても（あるいは雪のように真っ白な肌を持つ王家のお姫様じゃなくても）、STEMスキルで人生の主人公として戦える存在になりつつある。

第四章
ピンクカラーの罠
日本女性の社会進出が遅れる理由

二〇一五年八月、鹿児島県の伊藤祐一郎知事（当時）が「高校教育で女子に（三角関数の）サイン、コサイン、タンジェントを教えて何になる」「それよりもう少し社会の事象とか植物の花や草の名前を教えたほうがいい」といった内容の発言をし、物議を醸した。[*1]

七〇年代にベストセラーとなった女の子育児の本に「女の子の脳は理系には向いていないから文系科目だけ教えなさい」と堂々と書かれていたことを思い出す。六七歳の日本人男性がこのような発言をすること自体は特に不思議ではない。日本において女性が高等数学の知識を活かせる職に就いている姿を、想像できる人はまだまだ少ないからだ。

前章で、アメリカを中心に女子STEM教育への取り組みが盛んになっていることを紹介したが、OECDが二〇一七年に発表した報告書「男女平等の追求：苦難の道のり」[*2]によれば、日本のSTEM系高等教育卒業者に占める女性の割合は一五・四％で、OECD諸国で最下位である（世界銀行の調査でも、工学系女子学生の比率は日本が最下位だ）。STEM領域における女性の少なさを問題視しているアメリカでさえ三〇％に達しているというのに、日本でこれらが大きな問題として取り上げられているという実感はわかない。また、博士号取得者に占める女性の割合も、OECD諸国最下位となっている。中学までは男女間の教育格差はほとんどないにもかかわらずだ。

ジュニア教育エコノミストの畠山勝太氏は、日本の女子学生は他国の女子学生に比べて大学への進学率が低いだけではなく、賃金に結びつきにくい人文系やサービス系の学部を選択しがちであることが、男女の賃金格差に結びついていると分析している。[*3]数学が得意科目であったにもかかわらず、文学部を選択してしまった私も耳が痛い。小学生のころは誰にも教わることなく図書館で借りた本を見ながらBASICのプログラミングを楽しんでいたし、微積分だって解けたのだ。今となっては微積分の意味さえわからない。残業の多い正社員の職は妊娠前に辞し、今は二児の育児をしながらフルタイムの派遣社員として働いている。私はきっと、典型的な日本女性の生き方をしているのだろう。結局三角関数を活用したのは、小学生時代の趣味のプログラミングだけだった。

「そんな子供のころからプログラミングや数学が好きだったのなら、なぜプログラマーを目指さなかったの？」と問われることもある。男子に生まれていたら、おそらく将来はプログラマーになりたいと願ったことだろう。でも、私はそんなふうに考えたことは一度もなかった。男女雇用機会均等法さえなかった一九八〇年代当時、周囲の大人の女性は専業主婦ばかりで、働く女性といえば学校教師か看護師、お店屋さんくらいしかいない。そんな地方在住の女子がプログラマーなんて、想像できようはずがなかった。要するに、ロールモデルがいなかったのである。

少し成長して読み始めた少女ファッション誌には、憧れの職業に関する特集が何度か組まれていた。ライター、編集者、イラストレーター、翻訳者、通訳、キャビンアテンダント、カフェの店員、ヘアスタイリスト……華やかな女性たちの肩書は、いずれも人文系やサービス系の職業ばかりだった。人文系ならば女にも門戸が開かれているのか、と素朴にも思い込んだ私は、迷いなく文系を選択した。公立共学校だったため、理系を選んで男子クラスの中に放り込まれるのはいやだという気持ちもあった。当時読んでいた村上龍の小説『69 sixty nine』（一九八七年）に、「理系の進学クラスだったので、女子は七人しかおらず、その中の五人までもがブスだった」とあったことも、少しは後押しした。数少ない女子になって容赦のない男子高校生のジャッジに晒されるのは恐怖だったのである。

親や教師は少し驚いていたが、特に止めようとはしなかった。大人たちも、女子が理系に進んだところで大した進路はないと思っていたのだろう。

〝女らしい職業〟と現実とのギャップ

自分の過ちに気付いたのは、就職活動が始まってからだった。各企業に女の名前で資料請求しても、資料がまったく送られてこないのだ。留年が決まって一切就職活動をしていない同じクラスの男子学生の部屋を訪れてみると、机の上には山のように企業からの資料が積み上がっている。「頼みもしないのに送ってくるんだよなあ」。ようやく気付いた。私の学部選択は、男子ならともかく女子としては大間違いだったのだ。一九九五年のことである。当時の理系女性の就職状況は知らないが、少しはマシだったはずだ。

高校は学区トップの公立進学校ではあったが、花形運動部のマネージャーになったり女子力アップに専念したりで、途中で勉強をやめてしまう女の子は多かった。共学では、親や教師の言うことをよく聞く従順な優等生たちほど、高校入学後はクラスを支配する男子高校生たちが放つ「女はバカでかわいいほうがいい」「女の本分は勉強よりお世話」という規範に素直に従ってしまうのだった。家事や弟妹の世話に追われていた級友は、幼稚園の先生を目指していた。進学校の男子は決して選ばないが、女子であれば普通の選択肢である。大学卒業後に再会した彼女は、「声優事務所に登録料を払って声優になろうと思う」と夢見るように語った。「幼稚園の先生は?」「つらいからもう辞める」。「最初にお金を要求する事務所はやめておいたほうがいいと思うな……」程度のことしか言えなかった。

中学時代からオール5で美人、話も面白くて人気者という非の打ちどころのない別の級友は、トップクラス私大に進学した。高校卒業後は会う機会はなかったが、就職活動に苦戦していたころ、地下鉄の駅でばったり遭遇した。私と同じくリクルートスーツを着た彼女は、「キャビンアテンダントを目指しているが、まだどこにも決まらない」と疲れた顔で話す。いつも自信満々だった中高時代の彼女からは、想像できないような姿だった。確かに当時、キャビンアテンダントは大卒女性の花形職業だった。でも、痴漢を単語帳で殴って撃退するような勝気で勇敢な彼女には似合わない、とも思った(セクハラ客を殴るキャビンアテンダントなんて聞いたことがない)。もし彼女みたいに優秀な学生が男子だったら、とっとと有名商社あたりから内定をもらって、今頃は遊び放題だったろうに、と思わずにいられなかった。

大学時代に知り合った有名女子大の知人も、キャビンアテンダント志望だった。常日頃から女子力アップを怠らず、女性誌から飛び出してきたようなファッションに身を包んでいた彼女は、航空会社の内定を取り付けたと私たちに報告してくれた。私たちは心からおめでとうと祝福した。でも、彼女はそれきり私たちの前に姿を見せなくなった。共通の知人は「健康診断でひっかかって内定を取り消されたんだって」とこっそり教えてくれた。努力家の彼女は、就職活動のためのダイエットに励みすぎて、拒食症になっていたのだ。

私はアルバイトを経てどうにか就職することができた。ある日、他部署で事務をしていた派遣社員の女性と一緒にランチをとった。かつてはアパレル企業で正社員として働いていたという彼女は、おしゃれでとても優秀そうな人だった。あまりの激務に身体を壊して退職し、まともな時間に帰れる仕事に再就職しようとしたら、派遣の仕事しか見つからなかったのだ、とため息をついた。

ピンクカラーの罠

私たちが陥っていたのは、「ピンクカラーの罠」だったのだと思う。

ピンクカラーとは、社会評論家ルイーズ・カップ・ハウが一九七八年に刊行した書籍『Pink Collar Workers（ピンクカラー・ワーカーズ）』から生まれた造語である。

「ホワイトカラー」「ブルーカラー」にちなみ、女性の仕事と見なされがちな職種全般を指す。現代日本の状況に合わせて、ピンクカラーを分類してみよう。

- サービス系…花屋、パン屋などの小売店の店員、ウェイトレス、キャビンアテンダント、バスガイドなど
- ケアワーク系…看護師、介護士、保育士、幼稚園教諭など
- 美容系…美容師、ネイリスト、ヘアメイク、スタイリスト、アパレルなど
- アシスタント系…一般事務、受付、秘書、歯科衛生士など
- 語学系…通訳、翻訳、英会話教師、英文経理など
- 人文系…司書、心理職、編集者、校正者など

サービス系、美容系は、ピンクの女児向け玩具では定番の職業である。リカちゃん人形が扮する職業も店員が多い。またリカちゃん人形のお友だちが夢見る職業は、「ヘアスタイリスト」「トップモデル」「アイドル」「トリマー」「ヘアメイクアップアーティスト」というラインナップだ。

もちろん、これらの職業を目指すことが間違っているわけではない。それでも、人

口の半分を占める女性が狭いピンクの道に殺到したらどうなるか。『ヤバい経済学』（スティーヴン・D・レヴィット、スティーヴン・J・ダブナー著／二〇〇六年）にあるとおり、たくさんの人がやれて、たくさんの人がやりたがる仕事は賃金が低い。必然的に、ピンクカラーの多くは低賃金となる。典型的なのが、一般事務職などのアシスタント系だ。その道は一見入り口が広く、仕事も楽でお花が咲き乱れているようにみえる。しかし広いのは入り口だけで、年を取るにつれて徐々に狭くなっていく、もしくは崖にいたる道でもある。多くの女性が「誰でもできる仕事なら若い女性のほうがいい」という理由でリストラされ、再就職しようにも事務職の募集には女性が殺到するため、なかなか職にありつけない。四〇歳を過ぎたら時給八〇〇円のフルタイムパートしかないし、それすら激戦……というのもよく聞く話だ。最近では派遣社員への切り替えが進んでおり、若くても正社員は狭き門になりつつある。

では、リカちゃん人形のお友だちが夢みるような花形職業はどうか。このような派手な仕事は他のピンクカラー職とは少々異なり、賃金の多寡はトーナメントで決まる。『ヤバい経済学』によれば、こうした「派手な仕事」には、映画、スポーツ、音楽、ファッション、出版、広告、マスコミ業界が含まれる。高い給料を得ることができるのは、トーナメントを勝ち抜いたトップクラスの人々だけ。それ以外の人々は、せっかく知能やセンスに人並み以上に恵まれていても、低賃金のまま長時間労働をしなければならない。美しい容姿を要求される職業の場合、拒食症などメンタル系の病を誘発しやすいという危険もある。

もちろん、このような「派手な仕事」を目指すのは女性に限ったことではない。それでも、年齢や性別による序列を重んじる堅い仕事では下位におかれることがわかっている女性のほうが、一発逆転を狙って実力主義の派手な仕事に挑みがちだ。私は大学時代、社員は月給一三万円で朝から早朝（！）まで働かされる編集プロダクションでアルバイトをしたことがある。社長以外の社員は全員若い女性だった。社長は「仕事を教えてやってるんだからこの給料でも高いくらいだ。それなのにみんなやめていく」とこぼしていた。仕事の内容は既存の旅ガイドの情報を切り貼りして、ＤＴＰソフトで新しい旅ガイドを組みなおす仕事だった。ＤＴＰソフトの扱い方はともかく、編集の仕事は覚えられないだろう。社員の女性たちは、皆まじめで人のよさそうな人たちばかりだったのが、余計につらかった。

幼稚園の先生、保育士、介護士などのケアワークは、比較的資格も取りやすく、就職も容易であることから、女の子が周囲の大人から勧められやすい道である。ところが責任が重く経験や技能を求められるわりに低賃金重労働で人間関係も難しく、若いうちに離職する人が後を絶たない。広いけれどもピンクのいばらが敷き詰められている道だ。人手不足になろうとも、施政者は賃金を上げる代わりに、無資格者にも門戸を開くことで低賃金を維持しようとすることもしばしばだ。このような低賃金でストレスフル、キャリアパスが見えづらい女性の仕事は、「ピンクカラー・ゲットー」とも呼ばれる（『Poverty in the American Dream: Women & Children First』Karin Stallard, Barbara Ehrenreich, and Holly Sklar 著／一九八三年）。

なぜ女の子はピンクカラーに向かうのか

男女雇用機会均等法以前に生まれた私たちはともかく、現代の女児はどうだろう。第一生命保険が未就学児〜小学六年生を対象に「大人になったらなりたいもの」を聞いたアンケート（調査期間：二〇一五年七月〜九月）の結果は、次の通りだ。

男子
　1位　サッカー選手
　2位　野球選手

3位　警察官・刑事
4位　電車・バス・車の運転士
5位　大工さん
6位　お医者さん
7位　食べ物屋さん
8位　学者・博士
9位　宇宙飛行士
9位　消防士・救急隊

女子
1位　食べ物屋さん
2位　保育園・幼稚園の先生
3位　看護師さん
4位　お医者さん
5位　学校の先生（習い事の先生）
6位　歌手・タレント・芸人

7位　飼育係・ペット屋さん・調教師
8位　デザイナー
9位　お店屋さん
10位　ピアノ・エレクトーンの先生・ピアニスト

女子で六位の歌手・タレント・芸人は、二年前に一九八九年の調査以来初めてベスト三入りを果たしており、これはアイドルアニメ『アイカツ！』（二〇一二年放送スタート）の影響とみられている。またデザイナーやお店屋さん（洋服屋さんを含む）が急上昇しているのは、ファッションコーディネートを扱うアニメ『プリパラ』（二〇一四年放送スタート）人気によるものと第一生命保険は説明している。いずれも三〜七歳の女児に非常に人気のあるアニメだ。

調査以来不動の一位を誇る食べ物屋さんは、パティシエやケーキ屋が八割を占める。小学生以下の女子の職業展望は、ピンクの女児文化、もしくは身近な存在からの影響が強い。現代の若い女性の職域はかつてないほど広がり、女性のＳＥや会計士も珍しくないが、それでも女児のロールモデルとなるのは、女児文化の中の華やかなキャラクターか、多くはピンクカラーに就く母親世代の女性たちである。

過酷だったり低賃金であったりしても大半の女子がピンクの道へ進むのは、そもそもそれ以外の選択肢に考えが至らないということが第一にある。天職とは他人が苦に思っても自分は苦にならない仕事だとよく言われるが、私たちは目につきやすいキラキラした職業に憧れることを「夢」だと思ってしまいがちだ。

第二の理由として、男性の多い職業に進むにはある程度の覚悟が必要になることが挙げられる。女性がピンクカラー以外の仕事を目指した場合、男社会の中で嫌われてしまうのではないか、セクハラを受けるのではないか、子供を産んでも続けられるのか……など不安材料は尽きない。

海外や国内のいくつもの調査が明らかにしているとおり、学力が同等である場合、女子校の女子生徒よりも共学の女子生徒のほうが理系クラスへの進学率が低い。これも高校時代の私がそうであったように、男子ばかりのクラスを避けたいという気持ちがはたらくからだ。

また女性は一般に、愛されるように、嫌われないようにということを第一に言い聞かされて育ったため、「男性に嫌われるリスク」を高く見積もる。女性ビジネスマンや、リベラル系の女性政治家がどういう言われ方をしているかを見ていたら、普通の女性はなかなか政治経済の道を目指そうとは思えないだろう。評論家の斎藤美奈子氏は著書『物は言いよう』（二〇〇四年）の中で、「女」「母」「生活者の視点」を売りにする女性議員たちを、保育行政などでしか活躍できない「ピンクカラー」と呼び、女性議員たちがピンクカラーになる理由を、辻元清美氏らのようにピンクカラーから外れると男社会に受け入れられないからだと評した。選挙期間中の女性議員がド派手なピンクスーツを着がちなのも、せめて見た目だけでも「女の領域からはみだしませんよ」という無難さをアピールするためなのだろうか。

女性が多い仕事なら、女のくせに生意気だと男女双方から嫌われるリスクは低い。それに、家事育児と両立しやすいようにみえる。高給を得られる専門職は日々研鑽が必要で、出産したら最後、マミートラック（子供のいる女性向けの昇進・昇格とは縁遠いキャリアコース）に入れられてしまうこともままあるからだ。その点、女性が多い仕事なら産休、育休も取りやすく、子供の急な発熱でお迎え、という事態にも気後れせずにすむかもしれない。

第三の理由としては、「無垢な美少女」「尽くす母親」といった自我や欲望を持たぬ女性を理想像として刷り込まれて育った日本の女性は、自分の欲望を見つめることに慣れていないことが挙げられる。自分の能力への自信、キャリア願望、承認欲求などを恥じる人は、「自分は客観的に見て何に向いていて、本当は何をしたいのか。そのために何をするべきなのか」を突き詰めて考えないまま大人になる。そして、周囲の期待する女性像にわが身を添わせてしまうのだ。

繰り返すが、ピンクカラーを目指すこと自体が間違いなのではない。問題は、女性の大半が狭い道に追い込まれることで、その多くが低賃金に甘んじざるを得なくなるという構造そのものである。

改善されない日本

これらが私の考える、女子学生が人文系、サービス系などの低賃金労働に結びつきやすい学部を選ぶ理由である。

こうした状況は一九七〇年代ごろまでは、先進国でもよくみられるものだった。しかしその後、日本以外のＯＥＣＤ諸国は改善努力を重ね、女子のＳＴＥＭ系学部進学率を高めてきた。結果として、改善のスピードが遅かった日本が最下位に落ちてしまった、というのが前述の畠山氏の分析だ。

なぜ改善されないかといえば、それを問題視する大人があまりいないからだ、ということになるだろう。娘に買ってあげた未就学女児向けのピンクキラキラ雑誌を開くと、憧れの存在として少女アイドルグループが登場することがしばしばある。一母親としては、「恋人が発覚しただけで丸坊主になったり、未成年に水着グラビアをやらせたり、加齢で〝卒業〟させられたりする職業に、こんな幼いころから憧れさせていいものかねえ……」とモヤモヤするが、それを口にしたところで、アイドルファンからアイドルがいかに夢を与える素晴らしい仕事であるかを熱弁され、職業差別主義者と思われるだけである。小学生向けの職業図鑑では、堅い職業は男性ばかり、女性はピンクカラー職のみで登場することも多いが、特に批判は聞かない。まして着せ替え人形は女子が多様な職業を想像することができるようなロールモデルとなるべき、などと訴えたところで、フェミニズムというカルト思想に染まったモンスターとして一笑に付されて終わりだろう。

フェミニズムは措くとして、高齢化社会なのだから、ピンクの道から資質のありそうな女性を引っ張りだして国の繁栄に直接結びつきそうなＳＴＥＭ系労働力として確保したほうがよさそうなものだ。さらに言えば、出産しても追い出されずに済む安定した職につかせて、どんどん子供を産ませたほうがよくないか。そうならないのは、国力増強よりも女子にピンクでいてもらいたい国民感情のほうが勝っているから、としか考えられない。

たぶん日本におけるピンクとは、欧米におけるピンクよりももっと根が深いのだ。

ピンクは母性と献身の色

平成七年から八年にかけて、世界二〇ヶ国の学生五五〇〇名を対象に色のイメージを訊き、その国民性の違いを調査した大規模な研究がある（『図解世界の色彩感情事典——世界初の色彩認知の調査と分析』千々岩英彰／一九九九年）。この調査結果を見ると、危険はほとんどの国で「赤」、孤独は「黒」または「暗い灰色」といったふうに、多くの色イメージが国境を越えて共有されていることがわかる。

女性をイメージする色は、日本を含めた多くの国で「赤」「ピンク」などの暖色系が選択されている。ピンクは、多くの人に母親、生殖、赤ちゃん、幼さをイメージさせる色なのだろう。ドイツ生まれのシュタイナー教育でも、ピンクは子宮の中をイメージさせる色であるとして、幼児の生活空間をピンク色で覆うことが推奨されている。また、ピンクは乳がん早期発見キャンペーンのイメージ・カラーでもある。ルネッサンス期の画家ラファエロ・サンティによる絵画「カーネーションの聖母（Madonna of the Pinks）」で、幼いキリストと聖母マリアがそれぞれ手にしているピンク色のカーネーションは、「母と子の精神的な結婚」を象徴しているとされる。

一方で、「献身」をイメージする色は国によってまちまちだ。中国やロシアは国家を象徴する赤。欧米ではキリスト教のシンボル・カラーである青。ピンクを選んだ人が一番多かった国は、日本だけであった。調査をまとめた千々岩英彰教授は、日本人にとって献身といえば母親だからなのではないかと推察している。また、「家庭」をイメージする色は日本ではピンクという答えが少なくなく、東アジア各国も上位を暖色系が占めたが、欧米では寒色系も多くランクインしている。家庭を守るのは母親の務めと見なされがちな東アジアに比べ、欧米では父性も大きいということなのだろう。日本は母性原理の国、対するキリスト教圏の欧米諸国は父性原理だとよく言われる。

確かに、ピンク思想による母子密着育児のせいで若い男性が軟弱化したとなれば一気にウーマンリブが進み、「女子＝ピンク」は悪となったら玩具店からピンクが消え、女子のＳＴＥＭ系進学が善となったら堰を切ったようにＳＴＥＭドールが市場にたくさん出回る。アメリカは善と悪がパキパキわかれているんだなあ、と母性原理の国の住人は素朴に感心してしまう。

一方で、敗戦によって治者としての父性が確立しづらくなった日本では、女性の専業主婦化と家電の進化もあいまって、なし崩し的に母子密着育児が進んだ。女性たちは男性と席を並べて高等教育を受けることができるようになったものの、子供を産んだら社会から追い出されて、「母と子の世界」に閉じ込められてしまう。彼女たちはせき止められた自己実現願望を子供の世話を焼くことで満たし、自分を犠牲にしてでも息子（または娘）がいい学校、いい会社に入って出世するように心を砕く。ときには自分を家政婦としてしか見ない夫への失望から、息子を疑似恋人に仕立てあげて愛情を注ぎ込むこともある。

母子密着育児が男児をひ弱にしているという批判もあったにせよ、それを憂えるはずの父性は敗戦で屈折し、家庭には戻ってこなかった。息子たちは、父親不在のピンク色の「母と子の世界」で母からの献身を享受した後、母のいない「男社会」に放り出されることになる。彼らは男社会の競争の中で表向き男らしさを装いながら、母性の喪失を抱えて生きなければならない。こうした社会で女性に求められるのは、男性と同等の稼得能力でも確立した自我でもなく、母のようにすべてを肯定し受容する、ピンク色の母性である。

余談だが、ときおり外国人から「ベイビートーク」などと揶揄されるように、他国の女性に比べて日本人女性の声は甲高い。お笑い芸人の柳原可奈子の形態模写が典型的だが、とりわけピンクカラーの仕事に従事する女性の声は高くなるものだ。声優やアイドルのような「幻想の女性」を演じる仕事になると、その高さはマックスとなる。ジェンダーギャップ指数が日本よりも下位にある韓国では女性の声は低いことを考えると、単純に男尊女卑によるものとも言い切れない。これも、日本女性は（働いているときでさえ）母性と少女性を要求されているからだと考えると納得できる。どの国のお母さんも、赤ちゃんをあやすときは高い声になるからだ。これは、赤ちゃんが高い周波数の音によく反応するためといわれる。

魔法少女シリーズで初めてパステルカラーとピンクが強めに打ち出された『魔法のプリンセス ミンキーモモ』のヒロイン・モモが「日本初の萌えキャラ」となったのは、偶然ではないと思う。萌えとは、「かわいい幼児期の自分と、自分を全肯定しかわいがる母」で構成されていたピンク色の世界への憧憬なのではないだろうか。『美少女戦士セーラームーン』シリーズ、そして現代の『プリキュア』シリーズに、女児だけでなく「大きいお友だち（＝成人男性）」のファンが多いのも、そうした理由なのではないかと思う。セーラームーンもプリキュアも戦ってはいるが、そこにあるのは、愛、協調性、友情、無垢、自己犠牲、献身というむせかえるようなピンクの世界である。悪者がヒロインたちの母性にくるまれて改心することもしばしばだ。

『セーラームーン世代の社会論』（二〇一五年）の著者、稲田豊史氏は、セーラームーンの主人公うさぎの最終ゴールは、「お母さんになり、その究極的母性で世界を統治すること」と分析している。うさぎは少女だが、母親でもある。『プリキュア』シリーズでも、赤ちゃんタイプの妖精を少女ヒロインたちが世話をするといったマザリング要素が時折盛り込まれる。少女性と母性を兼ね備えたヒロインといえば、宮崎駿監督作品など枚挙にいとまがない。しかし、欧米の魔法少女的ドラマやアニメではこうしたヒロイン像はほぼ不在であると、横浜国立大学の須川亜紀子教授は語っている。少女性と母性を兼ね備えた日本独自の美少女キャラクターは、かわいく無垢な子供である自分、そして子供を甘い慈愛で包み込む日本的な母親像が融合した似姿なのだろう。母子密着の最終形態だ。

たいていの女児は、「ピンクの世界（＝母と子の甘い密着関係）」に思う存分浸ったあと、七～八歳で女友だちとの横のつながりを重視するようになったら、女児アニメを卒業していくのが通例だ。この年代の女児にピンク的なものを勧めるといやがられてしまうことも多々ある。ところが男子の場合、さまざまな研究が明らかにしているように四歳の時点でピンクの世界に強い拒絶反応を示すようになる。幼い男児の多くはピンクをもっとも嫌いな色に挙げる。性別アイデンティティを確立している最中の幼児は、グレーゾーンを許さない。ピンクが女の色なら、男の自分はそれを避けねばならないと考えるのだ。「プリキュアよりもニンニンジャーのほうが強いんだ！」「女の子はかわいい、男の子はかっこいい、でしょ！」。幼児も子供ながらに男のほうが女よりえらい、強い、という格差を敏感に感じ取っている。ピンク色のかわいい世界との関わりを強制的に断ち切ってしまった彼らは、「カワイイ」感受性を同性間で競い合い続ける女子とは対照的に、「カワイイ」観を幼児のまま保持することになる。

日本は就業だけでなく、地域における政策・方針決定過程への女性参加の割合も低い国である。女性議員ゼロの地方自治体は、一九％以上にものぼる（二〇一五年『毎日新聞』全国自治体議会アンケート調査）。ところが近年の地域活性策といえば、幼い見た目の「ゆるキャラ」、ピンクやパステルカラーの「萌えキャラ」を使ったものが珍しくない。決定権を握る場に女性が少ない地方ほど、たくましさや荒々しさといった従来の男性性よりも、かわいい女児センスが席巻するのは一見奇妙にも見える。しかし、現在主導権を有しているのが、女性の専業主婦化が進んだ高度成長期以降に養育された男性であることを鑑みると不思議ではない。母と子の世界に愛着を残す五〇代以下の男性たちが愛らしさや親しみやすさを表現しようとすると、限りなく女児の世界に近づいてしまうのだろう。

こうしてみると、本章冒頭の鹿児島県知事の「植物の花や草の名前を教えたほうがいい」という発言も、「女は永遠に母と子の世界の住人でいてほしい」という祈りのようなものに思えてくる。保育士不足が問題視される中、いっこうに低賃金が改善されないのも、技能よりも母性的な献身を求められているからなのかもしれない。このような価値観を内面化して育つ限り、女の子がピンクカラーのゲットーから抜け出すのは難しい。

「プリンセス」は「キャリア」ではない

それでは、ピンクが大好きな女児がピンクカラーの罠にとらわれることなく自分の能力を伸ばして生きていくには、どうすればいいのだろう。

「アビー・カダビー」というピンク色の妖精をご存じだろうか。アメリカの幼児番組『セサミストリート』が、女児界のピンク・プリンセスブームの高まりを受けて、二〇〇六年に投入した新キャラクターだ。魔法の練習が大好きで、ペットのカエルの名前は「プリンス」。可愛いドレスを着たり、髪をキラキラのツインテールにしたり、女の子と仲良くすることが大好きで、女の子であることをエンジョイしているというその設定は、現代女児そのものだ。彼女はもちろん、プリンセスになることを夢見ている。

二〇一二年、アビーが一人でホストを務める『セサミストリート』のある回に、ソニア・ソトマヨールが「キャリア」という言葉の意味を教えるゲストとして出演した。[*4] 彼女はラテン系女性として初めてアメリカ最高裁判事になった人物である。ソニアはキャリアについて、「それをなすために長い時間をかけて訓練し、準備し、計画をたてるような仕事をいうの」と説明する。それを聞いたアビーは「私が夢見るキャリアは、プリンセス！」と変身してみせる。しかしソニアは「プリンセスごっこは楽しいですね。でも、プリンセスはキャリアではありません」と突き放す。「じゃあ、わたしのような女の子は、どんなキャリアを持つことができるの？」と問いかけるアビーに、ソニアはこう返す。「学校に行って訓練すれば、先生や弁護士やお医者さんやエンジニア、科学者にだってなれますよ」。

勉強して、稼げる仕事に就きなさい。昔からテレビドラマの中でさんざんバカにされてきた、四角四面で退屈な大人の言いぐさだ。でも、ピンクの糖衣にくるまれた低賃金・不安定ワークで苦労する女性たちをいやというほど見てきた身からすると、こんなことを幼い女の子に言い聞かせるなんて、なんてラディカルなんだと思ってしまう。「それをなすために長い時間をかけて訓練し、準備し、計画をたてるような仕事を目指しなさい」。私の子供時代に、こう言ってくれる大人がいたら、どんなによかったか。いやたぶん、こういうメッセージを体現するような大人に、自分自身がならないといけないのだろう。

「かぐや姫」を守るためにできること

二〇一三年に公開されたジブリ映画『かぐや姫の物語』を思い出す。粗末な衣服を着て泥だらけで野山を駆け回っていた少女時代のかぐや姫は、翁からプレゼントされたピンクの薄衣を見るや目を輝かせ、衣を羽織って大喜びで家中を飛び回る。ピンクの服、そしてお姫様として与えられた大きなお屋敷にときめくかぐや姫の気持ちは、きっと現代を生きる多くの女児と同じく純粋なものだったはずだ。しかしそこから始まったのは、自我を殺して客体となることを強要されるかぐや姫の怒りと絶望の描写だった。ピンクやプリンセスに憧れているうちに、狭苦しい「女」の領域に押し込められる。そこから抜け出したいと願っても、世間との軋轢は免れ得ず、いつしか自我を手放して価値観を世間に同化させてしまう。最後まで抵抗しながらもすべての記憶と感情を失い、ピンクの衣を身に着けたまま月に帰ったかぐや姫は、これまでの日本女性たちのあり方を暗示しているようにも見える。人目もはばからずふわわとあくびをし、カエルの真似をしてケロケロ這う無邪気な乳幼児時代のかわいらしさとの対比で、表情をなくしたかぐや姫の姿はいっそう痛ましく感じられた。

もしもかぐや姫に翁が与えたものが、ピンクの衣に大きなお屋敷ではなく、ピンクの大工道具だったら？　はたまた自由にアプリをコーディングできる開発環境だったら？

無数に存在する幼いかぐや姫たちの、そのはつらつとした自我を守るために、翁・媼サイドたる私たちにも、きっとできることがあるはずだ。

第五章

イケピンクとダサピンク、あるいは「ウチ」と「私」

ピンクにどっぷり浸かっていた女児は、七〜八歳あたりでピンクの世界をいきなり卒業する。我が家の長女も例外ではなかった。小学一年生の夏あたりから、ハーモニカ、手袋、トレーナー……何を買うにも水色を所望するようになった。彼女の女友だちの持ち物も、そういえば水色ばかりだ。女児のランドセルの色も昔は赤一色だったが、近頃は水色のランドセルもよく見かける。


「自転車を買い換えるとしたら、ピンクと水色どっちがいい？」

「ぜったい水色！」

「ピンクと白なら？」

「白！」

「ピンクと茶色なら？」

「……ピンク。つーか茶色はありえないっしょ」


もはやピンクは茶色よりマシ程度の扱いだ。日本色彩研究所が二〇〇九年に小中学生を対象に実施した好きな色アンケートによれば、小二女子のじつに四割以上が「最も好む色」として「水色」を挙げている。[*1] これはうちの子だけの現象ではないのだ。

園児時代はあれほど執着していたピンクは、一四％のみでなんと七位どまり。さらに、小二女子の一九％が「最も嫌いな色」としてピンクを挙げている。

調査を実施した日本色彩研究所は、「小学校低学年の女子はピンクを『かわいい』『子供っぽい』『女の子っぽい』色と感じており、それよりも『きれい』で『すっきり』『さわやか』なイメージの水色を好ましいと感じているからでしょう」と、その理由を推測している。インターネットの質問サイトでも同じような疑問を呈している人が散見されたので回答を総合してみると、「ピンクは子供の色、水色はお姉さんの色」というのが低学年女子の共通認識であるようだ。長女がいうには、「ピンクは子供っぽい。水色は元気な女の子って感じ」ということらしい。小学校に上がると子供は友だち同士の関係を重視し始め、休日も親とのお出かけより友だちと児童館で遊ぶことを優先するようになる。急激なピンク離れは、お母さんに庇護される「母と子供の世界（＝ピンク）」を卒業し、友だちと対等に渡りあえる賢くてはきはきした元気な女の子になろう、という独立心の現れなのかもしれない。この年代に一番人気のキャラクターといえば、水色の〈シナモロール〉である。二〇〇二年に生まれたこのキャラクターは、サンリオのデザイナー奥村心雪氏が小学生時代にピンク離れの時期があったことから、女の子向けに水色のキャラクターを作りたいという思いでデザインしたそうだ。[*2]

面白いことに、少女たちは高学年になるとふたたびピンクに回帰していく。同調査によれば小五・六女子は水色に次いでピンクを「最も好きな色」として挙げている（一七％）。女子小学生に人気のファッション誌「ニコ☆プチ」を覗いてみると、モデルたちはピンクを全面に出すことは避けつつも、ヘア・アクセサリーや靴などに差し色としてピンクを採用している。高学年になって配色のセンスがある程度育ってくると、一度は避けたピンクのイケてる使い方や、自分に似合う色相を模索するカワイイ道がはじまるのだろう。

専門学校進学希望の高校生を対象とした同種のアンケートでは、ピンクが女子の好きな色で一位、嫌いな色で二位にランクインしている（『高校生白書』二〇〇七年八月調査）。大人の女性でも同様の傾向がみられるため、「日本女性は大人になってもピンクが好き」というイメージを形成する根拠になっている。しかし中学生以降、女子の好きな色はばらけるので、一位といってもせいぜいその割合は二割前後だ。嫌いな色の上位に必ず上がる色でもある。さらに興味深いことに、四〇代以上の女性では年代が上がるとともにピンクへの嗜好が薄れるが、それにともない嫌いな色の上位からもピンクが消えていく。[*3]

ピンクとは、かくも女性にとってややこしい色なのである。

ピンクへの拒否感

特撮ドラマ好きの二〇代女性が主人公の青年マンガ『トクサツガガガ』（丹波庭）では、第四一話「ピンク怪人の悪」でこのややこしさを扱っている。

主人公の仲村叶《かの》は、「女の子らしいもの」を無邪気に押し付ける少女趣味の母親から特撮趣味を禁じられて育ち、大人になってからも特撮オタクであることを周囲にひた隠しにしているOLだ。同僚にバレそうになると、「イケメンが好きだから特撮を見ているだけ」という女性ステレオタイプを演じてまで、趣味を隠そうとする。

女の子らしいものが苦手な叶は、「キョーレツなピンクアレルギー」だと自認している。そんな彼女に、同僚たちは「どーして？　着たら変わるよ」「苦手意識持っちゃダメだよ！」とピンクのふりふりシフォンブラウスを押し付ける。叶はしぶしぶ着用するが、全身ピンクでプリンセスになりきっている幼女に、「私ピンク大好き！ピンクかわいいよね！」と同意を求められて「ピンクキャパ」が限界値に達し、「ピンクイヤなのに、かわいいとか言いたくない」と言い放って泣かせてしまう。

「女の子らしいものを押し付けてくる母から離れても、ピンクだけはどこへ行っても追いかけてくる」。ピンクが苦手だと言っても、「お前がヘンなだけ」で片付けられ、「やっぱり女の子はピンクが大好き！」という結論はいささかもゆるがない世間に苛立つ叶。しかし、叶は特撮につきもののピンクの女性キャラクターのことを思い出し、自分がピンク自体を嫌っているわけではないことに気付く。叶が本当に嫌っていたのは、「ピンクかわいいね」と口にしたら最後、「ピンクを身に着けたいんでしょ」「女の子はやっぱりピンクが好きだよね」とピンクを押し付けられることだった。「押し付けられたことによって、私もまた女の子らしいものそのものに、敵意を向けてしまっていた」。最後に、自分はピンクが似合わないから素直に褒めてあげられなかったのだと幼女に謝罪して一件落着。

私も独身時代、叶と似たような体験をしたことがある。同僚にはキラキラ女子が多かったが、私は保護色を身に着けてできるかぎりネイチャーと同化したいタイプだった。ある日、同じチームの同僚が私の誕生会を開いてくれた。同僚たちが用意したプレゼントは、目の覚めるような青みピンクのタンクトップ。サーモンピンクやベビーピンクのような逃げ場のない、本格的なピンクである。肩にはピンクのリボンまでついている。「いつも地味な服ばかり着ているから、たまにはかわいい服を着たほうがいいよ」。無理！　とピンクレディーの衣裳を着せられた子供時代と同じことを思いつつも、レストランのトイレで着替えてお披露目したところ、成人の儀式でバンジージャンプを飛んだかのような祝福を受けた。まるでピンクとは幼稚さの証ではなく、女性性を受け入れた勲章であるかのように。

それからときどきピンクの服を買ってみるようにした。希望のケータイ機種がシャイニーピンクしか残っていないときも、それでいいですと答えてピンクのケータイに慣れようとした。しかし、いつまでたっても慣れることはできなかった。シャイニーピンクは愛用のストラップ（かこさとしのだるまちゃん）とまったく合わない。ピンクの服は、いずれもタンスの中にしまわれたままアースカラーに埋もれていった。そもそもなぜ、私はそんな努力をしようとしているのだろう。黄緑や蛍光オレンジが嫌いだからといって、こんな苦行をする人はいないはずなのに。

ダサピンク現象

このような「女の子はやっぱりピンクが好き！」という固定観念の押し付けを「ダサピンク」と呼ぶムーブメントが、二〇一三年ごろ Twitter の女性たちを中心に巻き起こった。米国のウーマンリブ運動から遅れること半世紀、ようやく日本にもピンク思想に対する反逆ののろしがあがったようだ。「ダサピンク」という言葉は、ブロガーの宇野ゆうかさんが二〇一三年八月にTwitterでつぶやいた以下の文章から生まれた。

「ダサピンク現象」とは、決して「ピンク＝ダサイ」という意味ではなくて、「女性ってピンクが好きなんでしょ？」「女性ってかわいいのが好きなんでしょ？」「女性って恋愛要素入ってるのが好きなんでしょ？」という認識で作られたものの出来が残念な結果になる現象のことを言います。

ダサピンクの例としてやり玉に挙げられたのは、パステルピンクを背景に恋愛小説を並べた出版社の女性向け書籍販促ポスター、生理予測アプリのピンクづくしのインターフェース、国産女性向けスマートフォン等である。ピンク以外に共通する特徴は、丸っこいフォント、ハートマーク、レース柄、花柄の多用、「カラダ」「ナットク」等の不思議なカタカナ遣い、「とっても便利」「してみて」などの体言止めを含めたフレンドリーな語尾、ふんわりした若い女性のイラストあたりだろうか。特徴を列挙すると「あるある」という感じだが、ダサピンクという言葉を知らなければ、よくある女性向けキャンペーンとしてスルーしてしまうかもしれない。

社内デザイナーとして働くある女性は、白背景にゴシック系の書体を用いたシンプルなデザインを女性の同僚が提出したところ、「若い女の子向けなのにこんなんじゃダメなんだよ！」と男性上司の怒りを買い、うすクリーム色の柄入り背景にPOP体のデザインに変更させられてしまったという事例を挙げた。

男性ばかりがダサピンクの戦犯とも限らない。ダサピンクの特徴を駆使してパロディチラシを作った女性は、こうしたデザインをバカバカしく感じながらも、「いざ自分が女性をターゲットに商品を作ったら、間違いなくこのダサピンクを採用するだろうと気付いて、ダサピンクの闇を感じました」とコメントしている。

これまで見てきたとおり、ウーマンリブの時代から「ダサピンク」的なものに対する欧米の女性の忌避感情は並大抵ではない。二〇〇九年にコンピュータメーカーの〈Dell〉が女性ユーザーを開拓しようと開設したウェブサイト〈Della（デラ）〉が炎上したことが典型的だ。[*4]〈Dell〉はピンクや赤、紫を含むカラフルなノートパソコン〈Inspiron Mini 10 Netbook〉を女性に売り込むために、女性向けサイト〈Della〉をオープンした。ピンク調のロゴに、若い女性たちがさまざまなシーン（海辺とか）でノートPCを扱う画像がちりばめられたおしゃれなデザイン。ここまではよかったのかもしれない。しかしノートPCを活用するための技術ヒント（Tech Tips）として挙げられていたのが、カロリー計算やレシピ検索、瞑想ガイドといった女性ステレオタイプそのものだったこと。ダメ押しが「このノートPCはかわいいだけじゃありません。お使いになればメールチェック以上のことができることにお気付きになるでしょう」というコピー。「バカにしてるのか？」と英語圏の女性たちの反感を買ってしまったのだ。

批判を受けて、〈Dell〉はすぐさま内容とサイト名を変更した。ピンクと〝女コドモ扱い〟のセットは、欧米の女性マーケティング的にはご法度である。

理系女子高校生向けPRサイトといえば、日本でもピンクにキラキラ女子力をアピールするものが定番だが、こういったアプローチも当の理系少女から反感を買いがちだ。「ニューヨーク・タイムズ」紙が二〇一四年に募集した一〇代の主張コンテストで、次点に選ばれた女子高生のエッセイは、女性性を強調しすぎる理系女子への広告戦略に釘を刺すものだった。[*5]「私が都市工学を通じた国家インフラの再構築に興味を持っているのは、キラキラピンク要素があるからだとでも思ってるんでしょうか？技術職に女性を呼び込むのに本当に必要なことは、女性の能力を男性と同等だとみなすことです」。パステルカラーのレゴは女児に人気だが、ひとたび女児文化を卒業したら一〇代少女でさえ、安易なピンクの使用には手厳しい。

女性に製品を売り込みたいならピンク発想（Pink Think）をやめるべきと訴える、その名も『Don't Think Pink』なるマーケティング書籍も刊行されている（邦訳『女性に選ばれるマーケティングの法則』リサ・ジョンソン、アンドレア・ラーニド著／二〇〇五年）。同書によればピンク発想とは、女性向けの製品にピンクやパステルカラー、花柄を採用したり、通常の製品を女性向けにする際にライトバージョンにしたりといったステレオタイプな仕様のことを指す。五〇年代にピンクの製品とともに「女は男を立てるために幼稚でセクシーでいなさい。結婚したら家庭の中のことだけ考えなさい」というメッセージを刷り込まれたトラウマは根深い。

欧米に比べると、日本女性は大人しく「女＝ピンク」の図式を受け入れているように見える。サムスン電子は二〇一四年、スマートフォン〈Galaxy S5〉を発売する際に、日本市場のみの限定カラー「スイートピンク」「シャンパンピンク」の二色を投入した。[*6] 同社はその理由として、日本人のハローキティと桜に対する愛着、そして日本女性がピンクのファッションを愛好していることを挙げている。実際に日本人を対象としたアンケートでも、女性は白、黒に次いでピンクを選ぶ人が多かったという。

確かに、ピンクに好き嫌いはあるとしても、これまで日本女性は概ねピンクに従順だった。ピンクを好まない人でさえ、自分が女性性を受け入れていないから悪いのだと自分を責め、ピンクの押し付けに対して団結して声を荒げることはなかった。ウーマンリブ運動が浸透しなかった代わりに、日本の女性たちはピンクの女性性をまとうことで社会進出を果たしたのである。書店の女性向け自己啓発書コーナーをのぞいてみれば、ピンクが現代女性の中でどのような位置づけを果たしているかがわかる。そこは決して男性が立ち入らない、ピンクの装丁がひしめく秘密の花園だ。目につくままに売れ筋のピンク装丁本のタイトルを列挙してみよう。『愛されながら仕事も恋も成功する方法──ヘルシーでハッピーな人の38の生き方』『可愛いままで年収1000万円』『世界一! 愛されて幸福になる魔法のプリンセス レッスン』『女は、「感情」をコントロールしないほうが愛される♡』『カワイイ暴君になれば 恋もお金も思うがまま!』『一瞬で選ばれる女になる! 魔法のしぐさ』『お金に愛される ハッピー・リッチなプリンセスルール』。モテ、愛され、カワイイ、選ばれる。いずれも客体としての女性性を演じることで現世利益を得ようとする生々しい欲望に満ちている。

五〇年代アメリカのピンク系指南書と似ているようだが、ゴールは必ずしも裕福な専業主婦とは限らない。男社会で愛されてビジネスで成功することも、ピンクをまとう重要な動機となっている。二一世紀に入って登場した「女子力」という言葉は、努力を重ねて客体としての女を演じることにより、主体としての「力」を有することを目指す（ある意味では転倒した）現代女性たちのマインドセットを表している。客体であれという男性からの期待と、自我を捨てて客体を装って成熟せよという女性からの同調圧力の中では、ピンクに抗うことは難しい。世間の抑圧に抗って傷まみれになるくらいなら、若いうちは楽しくオシャレと美容と恋愛に専念し、ピンクカラー職に就いて数年で結婚してピンクの「母と子の世界」に埋没したほうが気楽であるようにみえる。男性並みの所得を得られる才覚があり、母と子の世界に埋没したくない女性は、戦う代わりに「負け犬」などと自虐することでバッシングから身を守ろうとする。

しかしここにきて普通の日本女性たちがピンクの押し付けに対して批判の声をあげるようになったこと、その舞台がおもにTwitterであることは興味深い。Twitterは世界とつながれるが、自分を取り巻く世間からは隔絶している。神がいない代わりに世間に縛られる日本人（特に女性）にとって、世間からの追放を恐れることなく発言できる場が生まれたことで、ようやく自己主張が可能になったのかもしれない。また、女性にもさまざまな職業への道が開かれて可処分所得が増え、晩婚化するにつれ、美容や家事以外の趣味を持てるようになってきたことも大きいだろう。二一世紀以降、庇護対象もしくは性的対象としての「女の子」でもなく、家庭に尽くす「主婦」でもない、主体的に生きる「女子」が大量発生したのである。彼女たちは世間が考える「女」の狭い枠に入っていないという点ではいまだマイノリティではあるが、インターネットでつながれる程度には普遍化している。仲間たちと大事な自分の世界をわかちあうことで勇気を得た女性たちは、表向きは隠していても、もはや自我を捨てることはできない。

『トクサツガガガ』の叶は、まさにそうした現代女子の一人である。叶は二六歳で、八〇〜九〇年代であれば結婚を焦る年頃だが、その気配はまったくない。彼女が気にしているのは、周囲に「女らしくない」趣味がバレてしまうことである。もう一人の特撮オタク女子・吉田さんは少し年かさで、同年代の友人が次々と結婚・子育てをしていることから一度は趣味を捨てようとするが、叶の登場で思いとどまる。彼女たちは大事な趣味を守るためにピンクが表象する「女」の狭い枠からはみ出すことを選びとった女性であり、それゆえに息を潜めて生きている。「母と子の世界」から逃げた女性は必然的に男社会の住人になるが、男社会ならなおのこと女性は「ピンク」を装って適応しなくてはならない（女性議員たちがそうしているように）。「女の子らしいものを押し付けてくる母から離れても、ピンクだけはどこへ行っても追いかけてくる」というモノローグは、このジレンマを表している。

前章で見たとおり、母性、エロ、幼さ、そして献身……。日本におけるピンクは意味が何重にも重なっている。一言でまとめると「客体であれ」という期待だ。母と子の甘い世界に浸って育った人ほど、こうした期待に応えない女性への嫌悪感情をあらわにする。「女子」という言葉を嫌う人は未だに多い。すでに自分の世界を持っている女性にとって、ピンクは抑圧の象徴でもある。その手の期待が薄まる中年期以降、ピンクへの愛憎が薄れるのも、当然のことなのかもしれない。

主体としての一人称「ウチ」

ピンクが心から「好き」といえる女性らしい女性についてはどうだろう。彼女たちは自分をひきたてる色として、ピンクについて日々考察している一種の美学者である。一般女性たちがいかにピンクの色味にこだわっているかは、化粧品売り場のチークコーナーを見れば一目瞭然だ。パーリーローズ、チェリーピンク、アプリコット、ピーチ、ピーチレッド、ナチュラルピンク、クリアピンク、コーラルピンク、フューシャピンク、モーブ、ピンクベージュ、サーモンピンク、シマーピンク、コクーンピンク……数えきれないほどのピンクの色名が躍っている。ネイルカラーや口紅も然り。ピンクでありさえすればいいというピンク・プリンセス期を卒業して再びピンクに回帰する小学生以降、彼女たちは日々、女性ファッション誌や化粧品売り場のカウンターで、どのようなピンクが自分の顔色やキャラクターを引き立てるか、自分にとって好もしいかをマニアックなまでに追求しているのだ。アートやカルチャーの素養を備えたプロフェッショナル（もちろんそこには男性も多く含まれている）の仕事に日常的に触れている彼女たちは、無意識のうちに審美眼を磨いている。

女性の網膜には色や質感を感知するP細胞が多く分布しているという話を覚えているだろうか。そんな彼女たちに「女ならピンクだろ」と雑なピンクをあてがうのは、テクノ好きに「ピコピコしてればいいんだろ」とJ-POPのトランスメドレーを聴かせるようなものである。彼女たちは「女は客体であれ」という価値観を内面化しているかもしれないが、客体としての優秀さを同性と競い合う過程で、逆説的に主体としての自我をたくましく育てている。彼女たちはピンクをまとってはいても、もはやすべてを受容する母のように無垢な存在ではない。

こう書くと「主体だの客体だの、一部の特殊なフェミ女だけの話だろう」と思われるかもしれない。そこで、今どきの若い女の子の一人称「ウチ」に注目してみたい。

関西人でもない若い女子が一人称で「ウチ」を名乗る。この現象が知られるようになってからずいぶんたつ。二〇〇四年の読売新聞の調査によれば、アニメ『おジャ魔女どれみ』（一九九九年〜二〇〇三年）の登場人物の一人称を当時の園児たちが真似したことから全国に広まったとのこと。[*7] ご多分にもれず、長女のクラスでも女子の一人称は「ウチ」ばかりだという。不思議に思った私はこんなふうに訊いたことがある。


「どうして〈私〉って言わないの？」

「〈私〉は恥ずかしい！　ウチに似合わない」

「どうして〈私〉が恥ずかしいの？」

「〈私〉は……〈女性〉って感じがする」

「〈ウチ〉は〈女性〉じゃないの？」

「〈ウチ〉は〈元気な女の子〉って感じ。ほら、ウチ元気いっぱいでしょ？（ガッツポーズ）」


少女が一人称「私」に違和感を感じて、変わった一人称を使う現象はいまに始まったことではない。八〇年代の文化系女性の間で一人称「僕」が流行したことがあった。

一九九一年刊行の小説『僕はかぐや姫』（松村栄子著／一九九一年）には、当時の一人称「僕」の女子高生たちの屈託がつぶさに描かれている。高偏差値女子高の文芸部員である主人公たちは、フィクションを読みふけるあまり、無垢なヒロイン像こそが女性のあるべき姿であるという価値観を内面化してしまう。彼女たちが「僕」を名乗るのは、無垢な女性像と自我を持った自分とをうまく結び付けられないからだ。

ただし「ウチ」を名乗る少女たちは、文化系でも「フェミ女」でもない。普通の朗らかな少女である。これはおそらく、一九九二年に独立した人格を持った複数の女の子が戦う女児向けアニメ『美少女戦士セーラームーン』のテレビ放映が始まったことと関連しているのではないかと思う。同じく複数の女の子が戦う『プリキュア』シリーズは現在も続いている。女の子にもそれぞれ人格があり、主体になりうることは、幼少期よりこれらのアニメになじんでいた若い女性にとってもはや自明のことである。少女性と母性のピンクの糖衣にくるまれていても、『美少女戦士セーラームーン』以降のヒロインたちは戦う女子なのだ。無垢なるヒロインとして愛されるか、そうでなければモンスターとして疎外されるしかなかった旧世代の少女のような屈託はそこにはない。

それでも彼女たちは女児アニメを卒業するや、世間にあふれる客体としての女性イメージ（ダサピンク）にぶつかることになる。なぜアニメの〈女性〉は冒険中なのにお風呂に入りたがって男子たちの足を引っ張るのか。なぜ漫画の中の〈女性〉はいやなことをされてもくねくねしてばかりで反撃しようとしないのか。なぜテレビで面白いことをいうのは男性ばかりで、〈女性〉は高い声で笑っているだけなのか。こうした違和感から、「元気な女の子」という主体としてのセルフ・イメージを「ウチ」に込めて守ろうとする。

こんなCMがある。数名の男女に「女の子らしく走ってください」「女の子らしくボールを投げるふりをしてください」と指示をだすと、彼らは内股になったり、「髪がぁ……」と頭を抱えたり、脇を閉めて手をふりふりしたりと、弱々しくこっけいなしぐさを見せる。しかし同じ指示を実際の少女たちに出すと、彼女たちは力強く走り、大きなモーションで投げる真似をする。最後に「女の子らしく走るってどういうことだと思った？」と問いかけられた幼い少女は、こう答える。「できるだけ速く走るってこと」。

これは二〇一五年のスーパーボウルで放映された米P&Gの生理用品〈オールウェイズ〉のCMだ。[*8] 世間にあふれる客体としての女性イメージと、それを刷り込まれる前の「女の子」の健全なセルフ・イメージのギャップに気付かされる。客体としての

〈女性〉イメージをそのまま飲み込んで幼いころに育んだ自尊心を打ち砕かないために、一人称を含め少女たちはさまざまな試行錯誤をする。その過程で主体としての女性性を獲得し、「私」と名乗れるようになるのだろう。「女の子」でも「主婦」でもない女性の一群を指す呼称「女子」が、「成熟した〈女性〉になれない幼稚さの表れだ」とバッシングを浴びたように、一人称「ウチ」も、「女らしくない」と受けがよろしくないようだ。主体である男性を居心地よくするために、自我を捨てて客体としての女性性（＝ダサピンク）を受け入れなければ生きづらいことは今でもあまり変わらない。それでも主体としての自分を捨てたくないという女性たちは、日々増殖している。

性的客体化が女子に与える害

二〇〇四年公開のアメリカ映画『ミーン・ガールズ』は、動物学者の両親とともにアフリカのジャングルで性的客体化とは無縁に育った一六歳の少女ケイディが、初めての学園生活の中でダサピンクにまみれる話である。転校初日、なぜ高三レベルの数学クラスを受講したのかと聞く級友に、「数学が好きなの。だって万国共通だから」

と応える素朴なケイディ。バービー人形のような学園の女王レジーナと彼女を取り巻く女子グループ〈プラスティックス〉は、そんな彼女とは対照的だ。学校スポーツでは弱々しくクネクネしてかわいらしさをアピールし、話すことはといえば恋愛と美容とファッションと同性の悪口、水曜日は必ずみんなでピンクの服を着て、彼氏ができたりスカートを買ったりしたら必ず自分たちに報告せよとケイディに同調圧力をかける。数学なんてもちろん勉強しない。

ケイディは最初こそびっくりするが、好きになった男性をレジーナに奪われたことから、彼女もピンクの世界に巻き込まれていく。ピンクのセクシーな服を着るようになり、表向きはニコニコしながら陰口と陰謀でこっそり同性を蹴落とし、数学クラスのイケメンの気をひくために得意な数学でわざと悪い点数を取って教えてもらおうとする。数学そっちのけで女子力アップに励んだ彼女は落第寸前に陥るが、学園の女王候補に上りつめる。だが、女子同士の足の引っ張り合いは甘くはなかった。ケイディやレジーナを含め、学校中の女子が大きく傷つく事件が起きてしまう。

反省したケイディはピンクを脱ぎ捨てて数学の勉強に励み、州の学校対抗数学コンテストのチームの一員として優勝する。同性を蹴落とさなくても自分の問題に集中するだけでいい数学の世界こそが自分の居場所だと再確認したケイディは、優勝賞品のジャンパー姿でスピーチをする。一方レジーナは攻撃衝動をスポーツに向けることで、健全さを取り戻した。

この映画のメッセージは明白だ。ピンクに象徴される性的客体化がいかに女性をダメにしているか、である。彼女たちが〈ミーン・ガールズ（いじわる女子）〉になっていくのは、客体としての女性性を追求しても自尊心が育まれないからだ。彼女たちは常にメディアの女性像と比較して自分の容姿に不満を持ち、イケメンを恋人にすることで他の女子を威嚇しようとしても、当の男性にはたやすく振られてしまう。男性の関心という不安定なものを集めるレースでトップでい続けるために、心無い褒め言葉をふりまきながら同性をこっそり陰口で蹴落とし、仲間と認定した同性には同調圧力をかけるが、その友情は脆い。〈プラスティックス〉の一人は、得意なものを聞かれてもうまく答えられない。他人にどう思われているかばかりを気にして、自分の好きなことに主体的に取り組んだことがないからだ。いつも着ているピンクでさえ、同調圧力で着ているだけで、好きな色を選んでいるわけではない。

ここで描かれる女子特有のいじわるさ、バカらしさは、誇張されているとはいえ、多くの女性に心当たりがあるのではないかと思う。ある程度自分を客観視できる女性であれば、こんなバカらしさからは逃げたいと考えて当然だ。男性だって、そうではないだろうか。「客体であれ」「自分を持つな」という圧力をこれ以上女性たちにかけることは、男性にとってもいいことはないはずだ。女も闘争心や承認欲求を有する人間である以上、無理に「女」の型にはめてしまえばその欲望はゆがんだ形で噴出する。

岡崎京子のコミック『pink』（一九八九年）の主人公ユミちゃんは、愛と幸福の色であるピンクが大好きだ。ピンクは死んだお母さんの爪の色だった。ユミちゃんはピンク色のバラを見てこう決意する。

「お金でこんなキレイなもんが買えるんなら、あたしはいくらでも働くんだ」

ピンクはきれいで優しくて無垢だった母親の世界の象徴だ。でも彼女がそれを追い求めてセックスワークと消費に生きるほど、お金に汚い俗悪なママハハに近づいてしまう。

無償の愛をくれた母のようにやさしくきれいなピンクを外部に求めるほど、有償の消費文化に搦めとられてしまう矛盾の中に、私たちは生きている。

主体としてのイケピンク

Twitter やブログで展開されたダサピンク論争から数ヶ月後、Twitter では「わたしのイケピンク」というハッシュタグが女性たちの間でひそかに流行した。論争を好まないタイプの女性たちも、思い思いに自分の好きなピンクの画像を投稿していった。次に挙げるのは、「わたしのイケピンク」タグとともに投稿された画像の一例である。

『ピンク・フラミンゴ』、『フランシス・ハ』、『ぼくのバラ色の人生』、ハダカデバネズミ、ソフィア・コッポラ監督『マリー・アントワネット』、『キル・ビル vol. 2』、フランシス・ベーコンの肉片を思わせる色味のピンク、ピンク・パンサー、長新太、忌野清志郎、『ロシュフォールの恋人たち』、『プリティ・イン・ピンク／恋人たちの街角』、リサ・ローブ『ファイアークラッカー』、エリザベス女王、『ベイマックス』のハニー・レモン、『サンダーバード』のレディ・ペネロープとピンクのロールスロイス、林家ペー&パー子、『ジョジョの奇妙な冒険』のジョルノ・ジョバーナ、マシュー・ボーン「くるみ割り人形」、『グランド・ブダペスト・ホテル』、岡村靖幸、ニッキー・ミナージュ、ゴーギャン、Perfume「スパイス」MV、『ルパン三世』オープニング映像、アキクサインコ、ピンクリボン月間のNFL試合会場、エッシーのネイル、エルザ・スキャパレリのシューズ型ハット、沢田研二、『クローサー』のナタリー・ポートマン、マリー・ローランサン「牝鹿」、猫の肉球、メキシコのルイス・バラガン建築、『オースティン・パワーズ』のフェムボット、パウル・クレー、『わたしたちの宣戦布告』、文明堂の懐中しるこ、『仮面ライダーディケイド』、『壜の中の鳥』、ルーシー・リーのピンク鉢、ウィリアム・モリス「野生のチューリップ」、ディタ・フォン・ティース（バーレスク・ダンサー）、ロアルド・ダール『キス・キス』装丁、セボンスターのおまけ、『ピンク・キャディラック』、205系電車、宮代町立笠原小学校、『タイピスト！』パンフレット、吉川晃司、チマチョゴリ、『少女革命ウテナ』、枯れかけの紫陽花の毒々しい鮮やかさ、『女性上位時代』ポスター、「ピエール・エルメパリ」のケーキ「イスパハン」、『プリンセスと魔法のキス』のシャーロット、アンリ・マティス「金魚」、ジェフリー・ユージェニデス『マリッジ・プロット』装丁、プラダの香水「キャンディ」、金子國義が手がけた『不思議の国のアリス』装丁、自転車ロードレース「ジロ・デ・イタリア」で一位の選手に与えられるピンクのジャージ「マリア・ローザ」、大屋政子、ベニスズメ、My Bloody Valentine『Loveless』、クードシャンスのマフラー、『ミーン・ガールズ』、ピンクのシャネルを着たバービー、トゥイギー、角野栄子、『仮面ライダー2号』に登場する怪人イソギンジャガー

可憐なピンク、血の気の多いピンク、攻めてるピンク、毒々しいピンク、キラキラしたピンク。見事なまでにバラバラだ。だが、誰にバカにされようとも私が好きなものはこれだ！　という強い自己主張を感じる。この多様性こそがイケピンクなのだろう。

イケピンクとは、客体としての女性性を象徴する無垢なピンクではなく、主体的に選び取られたピンクである。だから、イケピンクは一人ひとり違うのだ。現代を生きる「女子」が、一人ひとり違うように。

『世界の終りとハードボイルド・ワンダーランド』（村上春樹著／一九八五年）に登場する全身ピンクの女の子（博士の孫娘）は、肉親を亡くした孤独感から、祖父が好きなピンク色を常に身に着けている。祖父の家に引きこもり、ずっと祖父の価値観に従って生きてきた一七歳の少女は、主人公に出会って初めて自ら行動する。そのあとで、

彼女は自作の「自転車の唄」を歌う。

それでも私は
自転車で森へ向う
ピンクの自転車の上で
四月の晴れた朝に
こわいものなんて何もない
色はピンク
自転車から降りなければ
こわくない
赤でもブルーでも茶でもない
まっとうなピンク

下着から靴、帽子、セーターまで、主体的に選びなおした新品のピンクを、彼女は「まっとうなピンク」と呼ぶ。そして心を持つものだけが住む、労働が厳しい「森」へ向かうのだ。イケピンクとは、「まっとうなピンク」のことなのかもしれない。

第六章
ピンク・フォー・ボーイズ

カルチャー系の雑誌や書籍などで、このような少女論を目にしたことはないだろうか。「論理や社会にがんじがらめな僕たち男に比べて、少女たちは無知だからこそ自由ですばらしいんだなあ（だから僕たち男のまねをして勉強をしたり社会進出したりしなくてもいいんだよ）」。だが、子育て中の親の間ではまるきり逆の男女観が浸透している。

「男の子はおバカで自由、女の子はお利口でおとなしい」

これはこれでステレオタイプではあるが、完全な偏見とも言い切れない。小学一年生の授業参観に参加してみれば、その差は一目瞭然だ。先生の言うことを従順に聞き、熱心に手を動かす女の子。そもそも大人しく座っちゃいない男の子。お勉強はできても挙手には慎重な女の子。積極的に手を挙げるのに指されたら「わからない！」と堂々と宣言する男の子。私が「長女がパンツ一丁で『ありのままで』を歌っている。ありのますぎる」という内容のぼやきツイートをしたところ、すぐさま男の子のお母さんからこんなリプライがかえってきた。「女の子はいいですね。パンツはいてくれるから」。

幼年期〜学童期ほど、男女の区別がはっきりしている時期はない。男児のほうが抑制制御の発達がゆっくりだから？　胎児期に浴びるテストステロンが男児を乱暴にしているから？　神経科学者のリーズ・エリオットは、こうした生物学的な理由以上に、環境が大きく左右していることを指摘している。[*1] 三歳を過ぎるころにもなると男の子は男の子同士、女の子は女の子同士で遊ぶようになり、仲間集団の中でそれぞれの特性をより際立たせる方向に同調圧力を働かせる。性別をはっきりさせたいという意識が、さらなる性差を産んでいるのだ。低学年の男児が授業中にふざけあうのは、（よく言われるように）男児がおバカだからとか生まれつきサルだからというよりは、女性教師という権威をコケにする強さを仲間うちで競い合っているからだと考えるほうが、おそらく実態に近い。

特撮ヒーロー番組が正義／悪を明確に分けているように、グレーゾーンを理解できるほど脳が発達していない子供たちにとって、男／女の区分は極めて厳密なルールだ。私が小学生だったころ、女子が休み時間のサッカーに混じるのはご法度であった。男子の将棋に加わろうとしたら「女は将棋をするな」と拒絶され、一人で詰将棋をするしかなかったことをいまだに根に持っている。保育園のころあんなにサッカーが好きだった長女も、小学生になった今となっては「あれは男子がやるものでしょ」と一顧だにしない。性別アイデンティティは、おそらく個人のアイデンティティを形成するうえで基盤となるものなのだろう。のちのち個性を確立するためには、まずはっきりとした男女の区別が必要なのだ。

とはいえ、今どき女の子がサッカーをやりたがったからといって止められることはないだろう（なでしこJAPANのおかげだ）。わが子曰く、学童クラブで将棋をする男の子はもはや女の子を排したりはしないらしい。「女が数学なんか勉強して何になる」という昭和時代にはよく聞かれた言葉も、政治家が口にすれば批判されるようになった。最近参加した小学生向けのプログラミング一日教室には女の子の姿も多くみられ、隔世の感を禁じ得なかった。成長過程の女の子が男性の領域とみなされていた分野に足を踏み出すことを、歓迎する土壌は徐々に育ちつつある。

男の子はどうだろう。「おバカ」な男の子は、母親から見ればかわいい存在だ。しかし女性の領域とみなされてきた「カワイイ」に踏み込む男の子に向ける周囲の目は、温かいものになっているのだろうか。

ピンクを好きな男子たち

海外の事例を見てみよう。

「ピンクが好きな男の子になっちゃってラッキー。フットネイルは楽しいよ」。こんなコピーとともに足の爪にネオンピンクのネイルを塗った五歳の男の子が母親と笑いあっている写真を広告に掲載した米ファッションブランド〈J. Crew〉は、保守派から批判を浴びることになった。[*2] 母親は〈J. Crew〉のクリエイティブディレクターである ジェナ・ライオンズ本人、男の子はその息子だった。「トランスジェンダーの子供を奨励するプロパガンダだ。息子の将来を厳しいものにしようとしている」「性自認を放棄したらわれわれの文化はどうなってしまうのか」。爪をピンクに塗ったくらいでトランスジェンダーとは大げさな、と思うが、彼らの怒りは本気だ。

二〇一三年放送の『セサミストリート』のとあるエピソードが、[*3]「男らしさの概念への攻撃である」「性役割の否定だ」「セクシュアリティとジェンダーに対する破滅的な教えではないか」と米国の保守派から厳しく指弾されたこともあった。[*4] その神をも恐れぬセンセーショナルなストーリーとは次の通り。ブルドーザーの玩具を持った男友だちが遊びにきたときに、恥ずかしがって人形は妹のものだと言ってしまったクマの男の子に、男の子向け・女の子向けという区分に理由はないし、男の子がお人形で遊ぶことは将来お父さんになるためのレッスンになるんだよ、と大人が説明するというもの。え、それだけ？

米〈ハスブロ〉社の玩具から生まれたパステルカラーの仔馬たちの友情を描く女児

向けアニメ『マイリトルポニー――トモダチは魔法』は、男性ファンも多い。アメリカでは女児アニメを愛する男性という存在は同作が生まれるまではほぼ認知されていなかったらしく、男性ファンは特に「ブロニー」と呼ばれ、ドキュメンタリー映画が制作されるほど注目を集めている。ニュース番組では揶揄的に描かれることもあり、とりわけ幼いブロニーたちは厳しい扱いを受けるようだ。二〇一四年一月には、同作が好きだと公言したノースカロライナ州在住の一一歳の少年マイケル・モローンズくんが、いじめを受けて自殺を図る事件が起きた。[*5]彼は自殺未遂の直前、母親に「ママ、僕はもう疲れたよ。みんなが僕を『ゲイ』『キモイ』『うすのろ』って言うんだ」と語っていたという。マイケル君は一命をとりとめたものの、意識不明の重体に陥ってしまう。この事件を知ったマイリトルポニーのファンたちは、治療費を集めるために「マイケルくん復帰のための支援募金」を立ち上げた。現在七万五〇〇〇ドル以上もの寄付が世界中から集まっており、意識を取り戻したマイケルくんは、病院内で勉強ができるまで回復している。

同じくノースカロライナ州に住む九歳の男の子は、『マイリトルポニー』のバックパックで学校に通ったことから「自殺しろ」などと言われるいじめに遭って不登校になった。[*6]学校側は、あろうことか加害者を罰する代わりに『マイリトルポニー』バッグ禁止令を出した。怒った少年の母親がFacebook上でキャンペーンを行ったため、この一件は有名メディアに取り上げられ全米に広く知られることとなった。学校の対応が全国から批判を浴びたのは言うまでもない。学校側は『マイリトルポニー』禁止令を解かざるをえなくなった。*7

ピンクのレゴに怒る女児をもてはやすアメリカでも、男児が「レゴで海賊ごっこをしろだって⁉　男だからって盗んだり闘ったりなんてごめんだね。僕らだってカフェでスイーツ食べて、ショッピングして、ビーチで遊んで、かわいいものに囲まれて過ごすようなピンクのレゴで遊びたいんだ！」と堂々と言える状況では、どうやらないらしい。特に保守的な地域では「カワイイ」界に足を踏み入れる男の子に対する差別が激しく、男の子自身が社会に向けて訴えられるほどの自尊心を築くのは難しそうだ。また、ピンクには軟弱さや愚かさといった負の女性性のイメージがついていることもあって、これを男性が身に着けることはゲイやトランスジェンダーのふるまいとして見下される傾向にある。「Mr.ピンクなんてオカマみてえじゃねえか！」。映画『レザボア・ドッグス』で自分にわりふられたコードネームを嫌がる悪党のセリフだ。

「カワイイ」と男子

マッチョの価値が高いアメリカほどではないにしても、日本でも女の子らしい趣味を持つ男児が同性集団の中で容認されるのは難しいようだ。学童期〜思春期に少女マンガや女児アニメを愛好していた男性たちはこぞって、当時はこっそり見ていたと明かしている。前述のとおり子供集団は性別区分のルールに厳密であり、とりわけ男児の場合、男は女より強くえらいという感覚もまた性別アイデンティティの根幹をなすことがあるからだ。自分たちと同じ性別を持つ存在が劣っているはずの女の文化を好むということ自体、彼らの基盤をゆるがしかねない。いじめに発展する以前の問題として、カワイイもの好きの男児は空気を読んで隠さざるをえないというのが本当のところではないだろうか。

動物園などで、幼い男の子が「カワイイね〜」と動物を愛でている姿はほほえましい。しかし小学生以上にもなると、男子が「女の子」への性的評価以外で「カワイイ」などと口にすることはめったになくなる。もちろん、ピンクからも遠ざかる。男の子がおバカで自由でカワイイ存在として愛でられ、誰はばかることなくカワイイものを満喫できるのは、「母と子の世界」の住人でいられたごく短い時期だけなのだ。自由でおバカでかわいい存在としての「少女」について熱を込めて語る文化人たちは、その実「かつてお母さんに愛されていた、おバカで自由な男の子だったかわいい自分」のことを語っているのかもしれない。

他方、『プリキュア』シリーズ、および『アイカツ！』、『ジュエルペット』シリーズ等の女児アニメを好む成人男性の存在は、公然と認知されている。劇場版『プリキュア』前売券の特典として、ピンクのネクタイとベルトのセットが用意されたことがあるくらいだ。女児アニメの成人ファンを示す「大きいお友達」は、圧倒的に男性が多い。成人女性たちは一般に、一度卒業したキラデコピンクの世界を恥ずかしいと感じるからだろう。男児が好む特撮グッズ以上に、ピンクまみれの女児アニメグッズを嫌がる母親は少なくない。

告白すれば、私は『プリキュア』シリーズを子供に見せるアニメとして概ね好もしく思っているものの、ピンクやキラキラの多用に目がチカチカしてしまってなかなか最後まで見通せない。同性である私でさえついていけないのに、少女が大人の男性たちをやっつけるアニメを見て男性が喜ぶとはいったいどういうことなのだろう（パンチラひとつないのに）。その理由を求めてプリキュア・ファンのブログやまとめサイトを探してみたことがある。なるほど、と思ったのは次のような意見だった。

「後先考えずに自分が正しいと思ったことをする、何があっても必ず友情が勝つ、希望さえあればなんでもできるという大人の女性にはない少女の純粋さが男性には新鮮に映るから」

「人類文明は滅亡に向かっているのでは？　と感じている大人は少なくない。そんな人類そして地球に、もし救いがあるとすれば、それは今まで歴史を主導し持続不可能な社会を作ってしまった『男性』ではなく、むしろ『女性』の感性によって成されるのではないか。時代の閉塞状況を打破するカギは女性、優しく元気で決してあきらめない〝プリキュア的〟な女性になる可能性がある」

「男の中にも女性的な部分がある。成人の中にも子供だったころの心が残ってる。そうした『心の中の幼女』が俺にプリキュア楽しい、面白いと訴えるんだよ……！」

『頑張れば夢は必ずかなう！』とか『一生懸命な思いはきっと伝わる！』とか『絶対負けない気持ちがあれば何度でも立ち直れる！』とか、そういう理想は現実じゃあり得ない嘘っぱちなんだけど、リアルに疲れた人には意外に癒しになると思うぞ、プリキュア」

『プリキュア　シンドローム！』（加藤レイズナ著／二〇一二年）によれば、『プリキュア』シリーズの敵組織は、サラリーマンの悲哀をテーマに造形されているという。『プリキュア』シリーズ初代プロデューサーの鷲尾天《たかし》氏は、敵組織のリアリティについて問われ、自身が会社員時代に経験した組織の在り方がベースになっていると答えている。敵側が男性中心の日本的企業をモデルとした序列のある「組織」であるのに対し、ヒロインたちはリーダー不在の「チーム」である（モデルは『湘南爆走族』だそうだ）。これは『『リーダー』という単語を使ったとたんに序列が生まれる』からだと鷲尾プロデューサーは語る。フラットな友情によって結ばれている少女チームが、「努力したかどうかなどどうでもいいんだ」「結果を出して」「いいわけはいいわけなんだよ」などと上司が部下をなじるブラック組織をやっつける……確かにこれは、男社会でマッチョな中高年男性から日々理不尽な要求をつきつけられる若い男性にとって癒しになるだろう。

子供を産んだ女性が「母と子の世界」へと囲い込まれる日本社会は、必然的に中高年男性が支配する男社会となる。女性性が排除されている分、その過酷さは他国以上だ。この社会で大人の男になるということは、競って、勝って、他人を従え、お金を稼ぎ、見目麗しい「女の子」を獲得して勝ち組となるレースに参加することを意味する。レースへの準備運動は、すでに学童期から始まっている。少年マンガでは、美しい女の子はしばしば努力・友情・勝利を成し遂げた男子へのトロフィーとして存在し、美しくない女の子はモンスター、女性的な男子は「オカマ」として侮蔑される。現実社会でも、「男の子はやんちゃだから」というステレオタイプの陰で、弱い男の子へのいじめは無視されがちだ。やがて「カワイイ」は、口にするのもその対象となるのも、「女の子」の専売特許になってしまう。美少女文化の爛熟は、社会の息苦しさの裏返しだ。

男性が拒絶されているのは、「カワイイ」だけではないかもしれない。このほど英語版が週間書籍販売ランキングで全米一位を獲得した『人生がときめく片づけの魔法』（近藤麻理恵著／二〇一二年）は、海外では男性にも愛読されているが、日本ではほぼ女性読者ばかりである。ある人がその理由を、「『ときめく』という言葉が女性的なので、多くの男性は自分とは関係ない本だと思っているのではないか」と分析していた。英語版では「ときめく」は「spark joy」というニュートラルな表現に訳されているため、性別を問わず受け入れられたのではないかという。「ときめく」「胸キュン」

「素敵」「ドキドキ」「ルンルン」「華やぐ」……何かに感動して心弾む様子を表す日本語は、確かにどれも女性専用といった趣がある。外部の事物にたやすく心を動かされるような未成熟性は、自我を確立して他者の上に立つことを期待される成人男性には似つかわしくないのだろう。

一方、女性は男社会が作り出す商品を「女の子」として消費することで、家父長制の抑圧から逃れ、つかの間の自由を享受することができるようになった（これを消費フェミニズムと呼ぶ人もいる）。ピンクの「女の子」でありさえすれば、男社会の序列からは自由でいられるが、消費者であるということは無知な存在と見なされることでもある。マーケティングは常に、より知識のある者が情報弱者を自分たちに有利な立場へ導くという形でなされるものだからだ。「ダサピンク」という言葉には、女性が意思決定の場から除外され、受け身の消費者でしかいられないことへのいら立ちも含まれていよう。

「カワイイ」をいかに磨こうが社会から疎外される女性、「カワイイ」から疎外されて美少女以外に心躍らせることができなくなった男性。どちらにも息苦しさがあるのではないだろうか。

男の子への抑圧

こうした社会では、まず男の子に対する抑圧を意識して減らしていくことが、女性への抑圧を減らす方策となるのかもしれない。男の子自身が「カワイイ」を捨てることなくその領域で感性を洗練させていけば、長じて女性に「無垢な客体であれ」と期待する必要はなくなるからだ。男性不在の育児環境では、男性性をテレビ番組や少年コミック、ゲームなどからしか学べない。大衆文化はより多くの人が楽しめるようステレオタイプを強める方向に表現がエスカレートしがちで、バトルや競争を好まない男子がロールモデルにできるような現実的な男性像を見つけるのは難しい。男性も育児に参入すれば、競争、バトル、セクシズムだけではない多様な男性性のあり方を見せることができる。日本以外の国の文化にも目を向けるのもよさそうだ。もちろん、他の国にも抑圧はあるが、そのあり方は少しずつ違っている。違う世界もあるのだと知るだけでも、視野が狭く追い詰められやすい子供たちの助けになるだろう。

ピンクが好きな五歳の男の子を持つ母親が、自分の息子をモデルに描いた絵本『My Princess Boy』（Cheryl Kilodavis 著／二〇〇九年）にまつわるエピソードは、男の子のカワイイ趣味をいかにして守るか、大人の心構えを教えてくれる[*8]。二歳の息子ダイソンをプリスクールに迎えに行った母シェリルは、赤いドレスとピンクのハイヒールを履いて遊んでいる姿に愕然とする。当初は「男の子らしい衣裳を用意してほしい」とプリスクールに頼んだ母親だが、じきに息子が本当にプリンセスのようなファッションを好んでいることに気付く。ダイソン君の兄の助言を受け、一年半かけて息子の趣味に慣れた母親は、息子のことを周囲にも理解してもらおうと絵本の出版を決意した。書名は、彼が自ら名乗っている「プリンセス・ボーイ」に由来する。その名のとおり、彼は自分が男の子であることを疑っていない。男の子の玩具で遊ぶこともあるし、男の子の友達も女の子の友達もいるが、ひらひらしたピンクのドレスも好きというだけなのだ。米テキサス州フッド郡では保守系住民たちから同書を図書館の児童書コーナーに置くべきではないという訴えが寄せられるなど、反応は必ずしも温かいものばかりではない[*9]（郡政委員会はこの訴えを却下した）。それでも家族の理解と愛に守られて、ダイソン君はテレビ番組にもピンクのドレス姿で堂々と出演している。

カナダ発のいじめ防止運動「ピンクシャツデー（Day of Pink）」は、ピンクのシャツを着た男の子がゲイだとからかわれて暴力をふるわれたことから始まった[*10]。下級生へのいじめを知った男子高校生二人は、いじめっ子を説き伏せる代わりに、ある策を思いついた。近くのディスカウントストアでピンク色のシャツを五〇着ほど購入し、このシャツを着てくれるようにクラスメートにメールしたのである。翌朝、男子高校生たちが学校に持ち込んだ大量のピンクシャツを皆が着込んだことで、いじめはおのずと止んだ。この話はラジオ局で取り上げられ、瞬く間にカナダ全土を駆け抜けた。二〇〇七年のことだ。今では日本を含む多くの国で、毎年二月の最終水曜日を「ピンクシャツデー」とし、いじめ防止に関するさまざまな啓発活動が行われている。二〇一五年のピンクシャツデーはトロント警察の警官たちが髪をピンクに染めたり、ピンクのパトカーでイベントに駆けつけた姿がTwitterで大々的にリツイートされた。悪者を腕力でやっつけることができなくても、ピンクのファッションが男らしさの助けになることもあると子供たちに伝えることができる恰好の事例だ。

「男らしさ」と聞くと眉を顰《ひそ》める人もいるかもしれない。若いころの私は「お前は女ではない」と言われるたび、それが肯定的な文脈であっても居心地の悪い思いをしてきた。性別自認は、多くの人のアイデンティティの基盤となっている。三歳児ですらそうなのだ。女の子がサッカーが好きだったり、数学が好きだったりしたところで、性別が女ということに変わりはない（性同一性障害などでない限り）。同じように男の子だって、ピンクが好きだったりカワイイものが好きだったりしても、男ではないということはない。ピンクの女性性の押し付けに悩む女性たちが自分だけのイケピンクを見つけるように、既存の男性性と相いれない男の子が自分だけの男性性を見つけられるよう、大人が助けてあげられることもあるのではないだろうか。

二児の父であり、非営利市民学校でコミュニケーションディレクターを務めるコリン・ストークスは、TEDトーク「映画が男の子に教えること」で、悪者を打ち負かすだけではない男性性を息子に伝えられる映画が不足していると訴えた。[*11] 女の子にはリーダーシップや協調性を学べる『オズの魔法使い』のような映画があるのに、男の子向けの映画はバトルばかりだという。女の子は男社会に立ち向かう術をフィクションから学ぶが、男の子は立ち向かい方のお手本を与えてもらえない。代わりに、男の子はフィクションから何を学ぶのか。「男性のヒーローの役割――暴力で悪者を倒すこと――を学んできたのでしょうか？　そしてその報酬に友達がいない無口な女性を得ること。そんなことを学んできたのでしょうか？」「息子たちは新しい人間関係を身に付ける必要があります。父親が息子の手本となって教えなければいけません。真の男性とは女性を信頼して尊重すること。女性とチームを組むこと。女性をいじめる男たちの前に立ち向かう男性であること。これを父親は息子たちに示さなければいけないのです」。

『妖怪ウォッチ』と『アナ雪』が切り開く時代

ここ数年の子供映像文化で最大のヒットとなったテレビアニメ『妖怪ウォッチ』(二〇一四年放送スタート)とディズニープリンセス映画『アナと雪の女王』(二〇一四年日本公開)は、新しい男女の在り方を提示している。

娘たちにせがまれてアニメ『妖怪ウォッチ』を見るまで、私はブームを遠巻きに見ていたところがあった。「男児向けアニメなんだしどうせ妖怪こき使ってバトルさせるんでしょ? 勝つと負かした妖怪が子分になって、美少女がチューしてくれるんでしょ?」。先入観はすぐに打ち破られた。バトル要素はほとんどないし、登場人物の関係性がとにかくフラットなのだ。主人公のケータには二人の親友がいるが、三人の間に序列はなく、ガキ大将も財力をひけらかすお金持ちもいない。ケータの父親は男らしい遊びをしろと息子に怒鳴ったりすることはないし、母親も穏やかだ(妖怪に取り憑かれない限り)。ケータの家に居候している猫の地縛霊ジバニャンはケータの庇護役でも子分でもなく、対等な友だちで、妖怪執事のウィスパーともどもボケキャラである。ヒロインのフミちゃんは女の子の友だちもいっぱいいて、お色気を担当することはない。美少女ではない普通の女子たちも描かれていることも、私には新しく感じられた。男児向けアニメで美しくない女性が描かれている場合、たいていは悪い役割をあてがわれているからだ。このアニメで無垢カワイイ役割を担うのは、美少女ではなく狛犬の妖怪であるコマさんとコマじろうの兄弟である。田舎の神社が取り壊されたために都会に出てきた彼らは、都会人にはないピュアなふるまいで大活躍する。ちなみにコマさんは幼児に大人気で、女児向けキラキラピンク雑誌「ぷっちぐみ」二〇一五年七月号で付録のカードになった際は、全身ピンクの「ぷっちピンクコーデ」で登場している。

ストーリーは単純で、リモコンがなくなる、おやつを買い食いしてしまう、寝違える、忘れ物をする、お母さんが変な格好で授業参観に来る……などの子供界にありがちな困りごとが起きるたびに、妖怪が見える「妖怪ウォッチ」を手にしたケータがそれを引き起こした妖怪を見つけ、解決するというもの。ゲームという出自からは意外なことに、テレビアニメ版にはほとんどバトル要素はない。バトルの代わりにケータたちがするのは「説得」だ。妖怪の悩みを聞いてあげたり、共感したり、執着が勘違いであることを教え諭したりすることで、妖怪たちは執着から解き放たれて人に取り憑くのをやめ、ケータたちと友だちになる。近ごろビジネス界隈で「アサーティブ」

（相手の立場を尊重した上で対等に自分の要望や意見を伝えるコミュニケーションの方法論）の有効性がさかんに説かれているが、小学生にしてケータはアサーティブネスを体得しているといえる。そうしたアサーティブ・コミュニケーションの末に妖怪たちから友愛のしるしとしていただくのが名刺……ではなくて、妖怪メダルである。妖怪メダルで召喚された妖怪たちが、他の妖怪の説得に協力することもある。競争と序列で成り立つ男社会の苛烈さは、ここではほとんど感じられない。

このアサーティブの対極にあるのが、「アグレッシブ（攻撃型）」と「パッシブ（受け身型）」である。これまで男の子はアグレッシブであること、女の子はパッシブであることを求められてきた。私たちが小学生のころは、男児はヒーローがバトルして勝ち上がるフィクション、女児はヒロインが無垢ゆえに愛されて現世利益を得るフィクションに浸るのが常だった。世界に類をみないほど性別に特化する形で発展していった大衆子供文化は、男女間の分断を生む一因にもなっている。しかしながら受験戦争に勝ってもコミュニケーション能力が低ければ高学歴ワーキングプアになりかねないことをかみしめる不況時代の親たちは、男の子に必ずしも競争を強いない。その代わり、男の子にも家事手伝いをさせることが育児の常識になっている。共働きが増えつつある現在、昭和のように息子に尽くす余裕は現代の母親たちにはないのだ。また女の子にも、リーダーシップなどの積極性が求められるようになってきた。

いまの子供に期待されるのは、適切な自己主張、優しさ、共感能力、協調性である。ケータのふるまいは、現代を生きる男の子にも女の子にも理想的だ。「小学三年生」以上の学年誌が休刊した際、「男女共通」という刊行形態が小学生世代のニーズに合致しないことが休刊の理由として挙げられた。そんななかで『妖怪ウォッチ』が珍しく男女分け隔てなく人気を博している秘密の一端は、こんなところにあるのではないだろうか。

女児人気を受けて、二〇一五年七月からは早口でうんちくをまくしたてるSFオタクの女の子「未空《みそら》イナホ」という新主人公も登場した。おしゃれなブティックに気後れして「エリアに充満するミノオシャレスキー粒子が私の立ち入りを拒んでいる！」とガンダムネタをさしはさみながら叫ぶヒロインなんて、児童アニメでは前代未聞ではないだろうか。客体になりきれない女子の自意識が、ギャグになるくらいカジュアル化されている……と昭和育ちの母は感慨ひとしおである。

新しいディズニープリンセス

アニメ映画として『トイ・ストーリー3』を抜く全世界歴代一位の興行収入を記録し、日本においても二〇一四年ナンバーワンヒット映画となった『アナと雪の女王』については、すでに多くの識者がさまざまな論考を重ねている。二女の母としても、海外作品とは思えないほどの盛り上がりを感じた。保育園、公園、プールの更衣室……子供をどこに連れて行っても「ありのままで」を合唱する園児~小学生の女の子たちを目にしたものだ。もちろんハロウィンとなれば女王エルサだらけ。足で床をどすんと踏み、周りを氷漬けにしようとするエルサなりきり女児も大発生した。女の子がいっせいに一つの作品にのめりこみ、その真似事でもちきりになるのは、これまで『プリキュア』シリーズでしか見たことがなかった光景だ。ほとんどピンクが使われていないにもかかわらず、ここまで女児の支持を集めることは珍しい（しかしピンクの占める面積が少なかったからこそ、小中学生以上の女子も心置きなくのめりこむことができたのだろう）。

ピンクの少なさを補ってあまりあるくらい、女児を惹き付ける要素は十分だ。音楽や美術の美しさ、ひっきりなしに繰り出される雪だるまオラフの体を張ったギャグ、エルサの力強さ。中でも大きいのが、恋よりも女の子同士の連帯に重きを置いた描写だろう。ディズニープリンセス映画は長年、「王子様待ちの他力本願」「女性の受動的な生き方」の象徴として、とかくやり玉にあげられてきた。しかしプリンセスを好む三〜七歳の女児は、王子様など眼中にない。彼女たちは常日頃から女の子同士で「〇〇ちゃんだいすきだよ」「ＬＯＶＥ」などとカラフルなシールやハートマークをちりばめた手紙をやりとりし、遊ぶ相手ももっぱら女の子とばかり。テレビを観ていても、話題にのぼるのはイケメンよりも少女アイドルやヒロイン女優だ。彼女たちがプリンセスやピンク、ドレス、リボン、ティアラ、長い髪、妖精といったキラキラデコデコひらひらしたものを好むのは、それが「女の子」を象徴しているからだ。二万六〇〇〇点以上のグッズを抱える「ディズニープリンセス」ブランドも、プリンセス映画から王子様を排除してプリンセスだけで世界観を固めたからこそ、世界中の女児のハートをつかんだのだ。

誰だって、自分が何者であるかを意識せずに生きていくのは難しい。大人であれば社会的な立場や周囲に認知された人格、もしくは「毛糸で深海生物が編める」などの特殊技能でアイデンティティを保つことができる。しかし幼い子供たちは大人のような自我を確立していないし、生物学的性差への理解すらあやふやだ（それが生涯変わらないものであるという認識もあやしい）。そこで「性別を象徴するすてきな何か」に自らを同化させ、同じ性別を有する者同士で連帯することで、アイデンティティ確立への第一歩を踏み出していく。プリンセスは、「女の子」のすてきさを視覚的に体現した存在だ。

もちろんこの理由だけでは、プリンセス期以外の女性たちが『アナと雪の女王』を支持したことを説明できない。女子小学生から女子大生、ＯＬに母親、ほぼ全年代の女性たちが熱狂したからこそ、日本全体を巻き込むブームになったのだから。

Be the good girl you always have to be
Conceal, don't feel,
don't let them know
良い子でいなさい、いつもそうしてきたように
隠しなさい、感情を抑えて
誰にも知られてはいけない

主題歌「ありのままで」の歌詞原文には、氷を操る能力を隠すように親に言い聞かされて育った姉・エルサの孤独が描写されている。映画本編でも繰り返される、重要なメッセージだ。ここで書かれている抑圧は、エルサのような特殊能力の持ち主ではなくても、多くの女性が感じやすいものだ。

有名な「ハイディ・ハワード実験」[*12]は、こうした抑圧の源となるバイアスを明らかにしている。実験内容は、実在する野心的な女性起業家が成功した過程を、ある学生グループに対しては男性名「ハワード」で、もう一つの学生グループには女性名「ハイディ」で、それぞれ読み上げるというもの。すると性別以外の情報はそっくり同じだったにもかかわらず、ハワードは好ましい同僚と見なされ、ハイディは自己主張が激しく自分勝手で一緒に働きたくない人物と見なされた。単純にいってしまえば、男性の場合は成功と好感度が正比例し、女性の場合はその逆ということだ。

女性がこうした抑圧の中で社会に出ていくには、理想の女の子と思われようとするのをやめ、バッシングの声を無視するしかない。「That perfect girl is gone.（理想の女の子なんてもういない）」「I don't care what they're going to say. Let the storm rage on.（皆に何を言われようとも気にしない。嵐よ吹き荒れるがいい）」という歌詞は、抑圧をはねのけて自己を全解放した喜びに満ちている。映画本編でも、能力を隠しきれなくなったエルサは王国を飛び出して自ら建てた氷の宮殿に閉じこもる。おそらくここまでは、多くのフィクションで描かれてきた女性の解放劇だ。

しかし『アナと雪の女王』では、その先の女性の進む道を示している。彼女の能力をまるごと認め愛してくれる同性と信頼関係を築き、味方を増やし、自我を隠すのではなく他者の利になるようにコントロールすることで居場所を獲得する。これは〈Facebook〉社のCOOにのぼりつめた『Lean In（リーン・イン）——女性、仕事、リーダーへの意欲』（二〇一三年）の著者シェリル・サンドバーグをはじめ、現代の成功した女性たちに共通するふるまいだ。成功した女性たちのロールモデルが、ディズニープリンセスの在り方も変えている。

エルサが王国に戻るラストについては、日本国内では「エルサほどの能力があれば世界征服をすればよかったじゃないか。あの結末は日和ってる」「国民を楽しませるだけでは偉大な力の無駄遣いだ」という評も散見された。従来の女性的（パッシブ）な役割を引き受ける気がないのなら、男性的（アグレッシブ）であるべきだ、という不満なのだろう。だが女の子も女性も（おそらくは若い男性も）、他者の目を気にして自我を隠すことも、他者を気にしないという男性性を誇るために攻撃的に生きることも、どちらも違うと感じているのではないだろうか。『アナと雪の女王』のエルサが行き着いたのは、『妖怪ウォッチ』のケータたちのように、他者を肯定したうえで自己主張するアサーティブな生き方だ。

男兄弟の序列の中で勝つために姫を得ようとするハンス王子と対比する形で描かれる、天涯孤独なクリストフもまた、新しい男性の在り方を示している。エルサが作った氷の宮殿を一目見たクリストフは感嘆して「氷の城だ。泣きそうだよ」と感情をあらわにする。この〝男らしくない〟言動に対し、アナは「どうぞ。（泣いても男らしくないなんて）ジャッジしないわ」と返す。雄々しく氷に立ち向かい、エルサと戦おうとするハンス王子とは対照的だ。厳しい自然環境の中でトナカイだけを相棒に生きてきたクリストフは、他の男性と競いあったり、男性性を誇示しようとはしない。トナカイとニンジンを分け合うときも、トナカイに先に食べさせてあげる自然な優しさがある。王家の生まれであるアナに対しても下手に出るでもなく、威張り散らすのでもなく、常にフラットだ。母親に尽くされて育ったわけではないので、精神的に自立しており、女性に母性も少女性も要求しない。感動を率直に見せる代わり、機嫌は安定している。日本の男性文化人からは、「情けない」「ただの業者扱いじゃないか」と評判が悪かったクリストフだが、「男は弱い生き物なんだからご機嫌を損ねないようにに立ててうまく操りなさい」と日々言われている日本の女性からすると、実に頼もしく見えたはずだ。私はクリストフがアナをアシストする姿を見ている間、「結婚するならダイヤを買ってくれる男じゃなくて一緒にリヤカーを引いてくれる男」という漫画家・西原理恵子氏の言葉が頭を離れなかった。ヒットの要因は、国境を越えて通じるおばちゃんの世間知にもあったのかもしれない。同性との連帯にしか興味のない女児にとっては男性キャラは添え物でしかなかったかもしれないが、決して「男性なんかいらない」という映画ではない。

大ヒットを記録した『アナと雪の女王』『妖怪ウォッチ』が、どちらもアサーティブな男女を描いているのは興味深い。もちろんすべてがいきなり変わることはないし、古典的な男女像はこれからも繰り返し描かれるだろうが、火星人と金星人ほどにも離れてしまった男女の溝は、いずれ埋まっていくだろうという希望を感じさせてくれる。ネットで初めて自我を解放できた女子は、いずれ上手な自己主張の仕方を覚えるだろう。ガジェット好きの男性たちはピンクの iPhone（iPhone 6s／6s Plus から投入された新色だ）をおそるおそる手にして、ピンクを自らのものとして楽しむことを知るかもしれない。

子供たちを連れてグラウンドに隣接された公園に遊びに来たある日のこと。練習を終えた女子小学生のサッカーチームがミーティングをしていた。ジャージを着た少女たちに、若い男性コーチが優しく嚙んで含めるように指導する。少女たちは大まじめに聞いている。私が子供時代に見た、怒鳴ってばかりいる少年野球のコーチとは大違いだなと思いながら駐輪コーナーに目をやると、黒地にフューシャピンク、ミントグリーン、水色など、小学生の女の子の好きそうなカラーリングの自転車が並んでいる。中に一台、パステルピンク一色のかわいいスポーツサイクルがあった。へえ、あんな大きい自転車に乗るようになってもパステルピンクが好きな女の子もいるのねえ、などと思っていると、ミーティングを終えたサッカー女子たちが自転車に乗り込み始めた。最後にパステルピンクの自転車に乗ったのは……優しそうな若い男性コーチだった。

いろいろなことが、少しずつ変わっていく。

文庫版特典

女の子と男の子の
ジェンダーをめぐる話をもう少し

女の子が文学部に入るべきでない5つの理由

「女の子の色はピンク」が自明視されているように、「女の子は文学部に進めばよい」というステレオタイプは根強い。いや、かつては根強かった、というべきだろうか。

自分の適性も考えずに文学部に進学して辛酸をなめたのは、これまで述べたとおりだ。私のような失敗をする若い女性がこれ以上増えないよう、女子が安易に文学部に進むべきではない理由を語り継いでいきたいと思う。

就職に不利（言うまでもなく）

小学生の長女は、二〇一六年に発売されたゲーム開発者風バービー人形を机の上に飾っている。ドレスではなくジーンズにメガネ、附属品はノートパソコンとタブレット端末という地味ないでたちだが、「私もこんな風にかっこよくなりたい」と、将来の憧れを託しているようだ。バービーだけではない。古生物学者に天文学者、ロボットマニア少女にプログラマーなど、二〇一〇年以降の欧米のファッションドールシーンはSTEM（＝理系）がトレンドになっている。レゴ社が女性科学者三人の研究所キットを発売し、絶賛されたというネットニュースを目にした方もいるだろう。

児童書の世界でも、女性科学者に限定した伝記集『Women in Science: 50 Fearless Pioneers Who Changed the World』（邦訳『世界を変えた50人の女性科学者たち』レイチェル・イグノトフスキー著／二〇一八年）や、女の子向けのプログラミング入門本『Girls Who Code: Learn to Code and Change the World』（邦訳『Girls Who Code 女の子の未来をひらくプログラミング』レシュマ・サウジャニ著／二〇一九年）が話題を集めている。

欧米における女児×理系のトレンドの背景には、我が子のキャリア教育に熱心な保護者やジェンダー格差を是正したい女性起業家やライター、ニーズをつかんで売り上げ増を目指すメーカー、世界で活躍することを夢見る女児の思惑がそれぞれに絡んでいるのだが、それにしてもなぜ理系なのか。哲学者バービーや図書館司書バービーではダメなのか。

第一の理由はやはり、就労の問題である。事務職や秘書、CA、司書など女性が就きがちな文系職種は俗にピンクカラーといわれるが、こうした仕事は低賃金であったり、狭き門であったり、雇用形態が不安定であることが多い。二〇一六年の人気ドラマ『逃げるは恥だが役に立つ』の主人公森山みくりも、臨床心理士の資格を持ちながらも派遣切りに遭う文系大学院卒のワープア女性であった。この「臨床心理士」という設定にリアリティを感じた文系女子は多かったのではないだろうか。

私が学部選びを後悔したのも、まさにこの理由である。地方の受験生であった私は知らなかったのだ。知識労働でも編集者などの人文系職種なら女性にも門戸が開かれていると信じていたけれど、同じことを考える女性はわんさかいて、結果として大変な狭き門になるということを。グズグズと文学書を読みふけっていた怠け者の女にとって、新卒就職はおよそ高嶺の花であった。早稲田という名前でありがたがってもらえるのは、男子学生のみに与えられた特権である。かくて九〇年代に文学部の女子学生であった私たちは、秋を過ぎてもキャンパスをリクルートスーツ姿でうろうろするはめになった。

日本は先進国の中でも女子の理系進出が遅れている国とされており、特に工学部における女子学生の割合は最下位となっている。一方で、人文科学系学部での女子学生比率はトップクラスに高い。これは男女間の賃金格差をもたらす大きなファクターだ。社会の性差別は、文学部の女子学生を直撃する。

エンパワメントされない

欧米において女の子をエンパワメントするコンテンツが理系に偏りがちになる第一の理由は、それが実力勝負の世界とみなされているからだ。アスリートの世界で誰が一番速いかが一目瞭然であるように、プログラマーも世界で一億人が使うアプリを作れば、それだけで評価されることは間違いない。そこまで優秀ではなくても、訓練や経験によって身に付けたスキルが評価される世界は、継続的な自己肯定感をもたらす。人文系・芸術系の仕事ではこうはいかない。その価値を客観的に誰もがわかる形で評価するのはほぼ不可能だ。価値を決定できるのはその業界の重鎮であり、その基準は奥座敷に隠されている。「本を出してやろう」「君には才能がある。売り込んであげよう」などと甘言を弄して若い女の子をだましてベッドに連れ込もうとするやり口が成り立ってしまうのは、この構造に基づいている。若さ、美貌、無垢さ、目新しさ、女子力、感性といった加齢で失われる要素が重視される点も、キャリア形成の上では不利に働くだろう。自身の努力でコントロールしがたい要素で査定される日々は、女性の自尊心を不安定にさせる。

逆に二〇一四年に小保方《おぼかた》晴子氏のSTAP細胞騒動が一大スキャンダルとなったのは、真偽が個人の価値観に依存しない科学の世界で本来あってはならないことが起きたからだ。文壇であれば、〈少女〉的想像力でもう一つの世界の存在を幻視する若き美人作家として、大いにもてはやされていた可能性は高い。

霊力が高まらない

就職なんて俗物の考えること、私の将来は作家しかありえないという文学少女もいるだろう。だが、文学で身を立てたい女性にとっても、文学部出という経歴が必ずしも役に立つとは限らない。文学者の才能を見いだすのは、文学部出の中高年男性である。そんな彼らが同じ大学の学食で二八〇円のうどんをかっくらい、飲み屋の座敷で雑魚寝するような文学部の女に文学性を認めるだろうか。モンゴルに伝わる歌唱法「ホーミー」で精霊と交信できるシャーマン系女子のほうが彼らにとって他者性が高く、すなわち文学的であるに決まっている。作家になりたい女性こそ、文学部に進むべきではない。そんなお金があったら今すぐモンゴルに旅立ってホーミー修行をすべきだし、コートジボワールあたりでろうけつ染めのワンピースを購入すべきなのだ。

自然＝女性という本質主義的イメージを身にまとい、自らを再コンテクスト化して他者性をアピールしよう。何を言っているのかわからなくなってきたが、自分でもよくわからないことをつい口走ってしまうのも文学部出の性《さが》である。なお、精霊との交信に成功して女流文学者として一家をなしても、このような理屈っぽいフェミニズム的な文章を書いてしまうと、「女性作家も小賢しくなるとダメだ」と批評家から見放されてしまう可能性がある。文学部には背を向け続けたまま、水中出産でイルカと交信し、踊念仏で死霊を鎮めまくるなどして霊的ステージを上げ、女子力ならぬ〝妹《いも》の力（古代日本の呪術的信仰における女性の霊力）〟アップに励もう。

レッドオーシャンである

二〇一四年、米国在住の女子高生プログラマー二人組が「タンポン・ラン」というゲームをネット公開し、瞬く間に話題となった。生理用タンポンを投げつけて戦うファミコン風のシューティングゲームだが、その企画意図は真摯である。「ビデオゲームを通じて一般の人々が銃に慣れ親しんでいるように、銃の代わりにタンポンを使うことで生理を取り巻くタブー意識を薄れさせたい」。ゲームと生理というユニークな組み合わせのおかげで、普通の女子高生だった二人はメディアの寵児となり、念願のIT業界に向けて幸先のいいスタートを切ることができた。一人は大学の奨学金を得てコンピュータサイエンスを学び、一人は大学に籍を置きながらFacebook社などさまざまな企業のインターンを経験している（二〇一七年には彼女たち自身が執筆した体験記『Girl Code: Gaming, Going Viral, and Getting It Done』[*1]も刊行された）。一方、現代の女子高生が生理のタブーを崩すために詩や小説を書いたとして、それが注目されることはまずないだろう。文学における女性性と身体性というテーマはあまりにも掘り尽くされ、新規参入の余地はなさそうに見える。女性が文学部に進むということは、釣り人が群がる海で釣りをするようなものである。あなたが文学部でしたいことは、すべて瀬戸内寂聴が何十年も前に通った道かもしれないのだ。

ママ友づきあいに支障をきたす

文学部出身という重いハンデを乗り越えて職を得て、趣味の合う交友関係に恵まれ、結婚し、子供を産んだとする。やれこれで一安心、と思いきや、文学部出身者はここでも苦難に見舞われる。ママ友を作ろうと思ったら、「男の子はおバカなところがかわいいのよねえ。女の子は口が達者でかわいくないけど」「上が女の子だといいわねえ。お世話してくれるから」「ダンナは大きな子供だと思わないと！」という無邪気な性差トークにいちいちダメ出ししてはいられない。主語の大きさがユーモアにつながる世界では、文学的繊細さは邪魔になる。

子供が小学校に上がってPTAに入れば、「地域の嫁」「学校の嫁」としての無償労働がふりかかる。体育館に閉じ込められての強制的な役員決め、病気や障害といったプライバシーを衆人環視のもと口にすることを強いられる通称「免除の儀式」、男性は会長職のみ、末端は女性ばかりという露骨な家父長制。勝手に役員にされ、不当さを訴えてみても、PTAの価値観にすっかり毒された周囲に「文句があるなら自分で変えなさいよ！」と罵られるというカフカの『審判』的状況が待ち受けている。西洋近代の個人主義思想をベースに文学を学んできたのに、個人も人権もあったもんじゃないPTAワールドに心をやられるリベラル女性は少なくない。

現代の教育界に蔓延している「良書をたくさん読み聞かせればいい子に育つ」という道徳的読書観も、文学部出にはつらいものがある。「たくさん名著を読んだヤバイ人」が、文学界隈には珍しくないからである。

さて、いくつかの点において、こう思われた読者の方もいるだろう。「それは文学部ではなく、お前の人格の問題だ」。こんな女も懐深く迎え入れてくれた文学部には、やはり感謝しかない。日本政府は未来永劫人文系の学部にじゃぶじゃぶ補助金を突っ込み続けるべきだというのが、偽らざる本心である。志高き文学部の女子学生におかれては、どうか私の屍を越えて強く生きてほしい。

（初出『早稲田文学増刊　女性号』二〇一七年九月刊）

世界を変える女の子の本、人と違うことを恐れない男の子の本

『行動経済学まんが ヘンテコノミクス』（佐藤雅彦・菅俊一著／二〇一七年）を読んでいた小学五年生の娘が、こんな問題を出してきた。

「ある教授のお父さんのひとり息子が、その教授の息子のお父さんと話をしていますが、その教授は会話に加わっていません。さて、どういうことでしょう」

「教授という肩書で男性だというイメージを持たせて、実は女性でした、っていう答えでしょ」

「そうそう」

「その手の問題、お母さんが子供の頃からあったよ。私が読んだのは外科医バージョンだったけど。でもさ、昭和の時代ならともかく、今どきの子供が教授はみんな男だと思い込んだりするものかな」

「えー、教授はふつう男でしょ？　テレビでもおじさんしか見たことないもん」

女の子に刷り込まれる無意識の偏見

冒頭の本では代表性ヒューリスティック（典型的な出来事の発生確率を過大に評価する性向）の例題として扱われていたこの問題は、ジェンダー的観点でいえば「アンコンシャス・バイアス（無意識の偏見）」の典型例だろう。教授、科学者、医者、政治家といった社会的ステータスの高い職は男性。アシスタント役は美しく従順な女性。女は生まれつき数学が苦手。優秀な女は生意気でかわいくない。女の子はいくら成績がよくてもいずれ男の子に抜かされる……等々。女の子は幼い頃から、自分の性別に対する否定的なメッセージを社会から受け取って生きる。幼い頃は宇宙や昆虫、機械、鉱物などさまざまなものに興味を持ち、世界の不思議に目を見開いていた女の子たちも、知らず知らずのうちに見た目のことばかり気にするようになり、自信と知的好奇心を失ってしまう。

子供のうちから刷り込まれるバイアスを乗り越え、女の子がのびのびと自分の興味を追求できるようにするにはどうすればいいか。本文二・三章でも触れたように、欧米ではこうした問題意識のもと、女の子をエンパワメントする玩具が二〇一〇年代半ばから次々と登場している。

「世界を変える」女の子向け児童書ブーム

二〇一六年秋以降、このムーブメントは出版業界にも波及している。最も成功した例の一つが、世界三六ヶ国で発売され、累計で一〇〇万部を突破した『Good Night Stories for Rebel Girls』(邦訳『世界を変えた100人の女の子の物語』エレナ・ファヴィッリ&フランチェスカ・カヴァッロ著/二〇一八年)だ。公民権運動活動家のローザ・パークスや、一五歳で電池のいらない電灯を発明したアン・マコシンスキーなど、自らの力で歴史を変えた女性一〇〇人を、イラストと物語で紹介する児童書だ。内容もさることながら、クラウドファンディングで八六万六一九三ドル(約九四二九万円)を集めた点も大いに注目された。言うまでもなく、書籍のクラウドファンディングとしては史上最高額である。

プロジェクトを立ち上げたのは、「伝記のラインナップに女性が少なすぎる」「女の子向けの児童書はプリンセスばかり」ということを問題視した女性二人である。彼女たちの問題提起に賛同し、出版資金を提供した人は二万人以上にものぼる。女の子のロールモデル問題がそれだけ共有されていることの現れだろう。

同書がベストセラーとなったことで、先にも挙げた『Women in Science: 50 Fearless Pioneers Who Changed the World』（邦訳『世界を変えた50人の女性科学者たち』レイチェル・イグノトフスキー著／二〇一八年）、『Women in Sports: 50 Fearless Athletes Who Played to Win』（邦訳『歴史を変えた50人の女性アスリートたち』レイチェル・イグノトフスキー著／二〇一九年）、『Bad Girls Throughout History: 100 Remarkable Women Who Changed the World（世界を変えた100人のバッドガールズ）』（未邦訳、Ann Shen 著）などの類書が続々と刊行された。どの本もかわいらしいイラストをふんだんに取り入れ、プリンセスや妖精が好きな女の子も手に取りやすいブックデザインになっている。「世界を変える」女の子本だけで書店に特集コーナーができるほど、保護者と女児の支持を得ているようだ。思想性の強い児童書にありがちな地味さはそこにはない。

男の子のロールモデルも必要

さらに二〇一八年以降、「世界を変える」女の子本と似た体裁をとりながら、男の子のロールモデルを提示する児童書も登場し始めた。先陣を切ったのは、二〇一八年四月に刊行された『Stories for Boys Who Dare to Be Different（人と違うことを恐れない男の子たちの物語）』（未邦訳、Ben Brooks著）である。著者は二〇代半ばの男性で、繊細さを武器に変えた俳優ジェシー・アイゼンバーグ、フリフリドレスでメディアに登場するコンテンポラリーアーティストのグレイソン・ペリーらカルチャー系を中心に、ステレオタイプの男らしさにとらわれない男性七五名の物語をイラスト付きでまとめている。予約注文だけで一〇万部を突破したというから、その注目度は折り紙付きだ。

同年九月には、『The Good Guys: 50 Heroes Who Changed the World with Kindness（50人の〈善い人〉の物語）』（未邦訳、Rob kemp & Paul Blow著）も刊行された。同書で取り上げられているのは、特殊な抗体を持つ血漿を献血し続けて二〇〇万人以上の赤ちゃんの命を救った男性など、善良さによって誰かを助ける新タイプのヒーローたちだ。同書の出版ディレクターは、セクハラで告発されたワインスタイン氏やトランプ大統領らの「有害な男性性（toxic masculinity）」が批判される中で、他人に危害を加えないポジティブな男性のロールモデルに光を当てたいと語っている。[*2]

「女が強く賢くあることは望ましくない。男を立てよ」というメッセージの裏には、「男は強くなって競争に勝ち、女を支配しなくてはいけない」という男の子に向けられたメッセージがある。男の子への呪いも解かなければ、女の子への呪いは再生産され続けるだろう。男は弱音を吐いてはいけないという抑圧は、自殺率の高さにも結び付く。「男だからって強くなくていい。競争から降りてもいい」と男の子に向かって言うのは簡単だが、勝ち続けなければ落伍者になるのではないか、弱者に優しくふるまったら「かっこつけやがって」と同調圧力をかけられて居場所がなくなるのではないかという不安を取り除かなければ、空疎に響くだけである。公正で優しくあることのかっこよさ。女を支配せずとも自我が安定している強さ。怒りではなく悲しみをあらわにできる表現力の高さ。男の子にだって、ロールモデルは必要なのだ。

医大受験生の女子の得点を一律に減点するようなあからさまな性差別がまかり通っている日本では、「無意識の偏見」が社会問題として取り上げられるのは、まだまだ先のことかもしれない。しかしジェンダーやバイアスという言葉を知らなくても、娘に好きな仕事に就いてもらいたい、セクハラやパワハラをしない男子に育てたいというのは、ごくありふれた保護者の願いだろう。メディアで喧伝される男らしさ、女らしさに適応できずに苦しむ子供たちもまだまだ多いはずだ。

性別アイデンティティは、多くの人にとってアイデンティティの根幹となる重要なものである。性差を否定して女児からプリンセスやピンクを奪うようなかつての中性志向型のアプローチは、多くの女性にトラウマを残した。同様に、現状の男性性が自他を傷つける要素を孕むとしても、男性性そのものを否定することは別種の問題を生み出すことになるだろう。女の子であれ、男の子であれ、誰もが性別自認を損なうことなく自分を託せる多様なロールモデルが必要なのは、日本だって変わらない。メディアは旧来のジェンダー・ステレオタイプを誇張する方向にはたらきがちだが、今こそ新しいジェンダーのあり方を提示する役割が求められているのではないだろうか。

（初出「世界思想」二〇一九年春号）

あとがき

「働くなんて子供がかわいそう」「ベビーカーを使うなら申し訳なさそうな顔をしろ」「母親のくせに」「母親なんだから」……この種の言葉に取り巻かれながら日本で育児をしていると、ベビーピンクの牢獄に閉じ込められているような気持ちになることがある。そんなときは、子供が寝静まってから夜な夜なスマホをたぐる。〈Pinterest〉というSNS経由で流れてくる、カラフルでおしゃれでうきうきするような海外の育児情報を見るためだ。隣の芝生はいいピンク、ではないが、パステルカラーの科学実験や女の子向けの組み立て玩具なんかを見ていると、せっかく子供がいるんだから一緒に楽しいことをして過ごそう、と前向きな気分になれた。のちに翻訳（共訳）することになった『ギークマム』（ナタニア・バロンほか著／二〇一三年）の原著の出版も、本書で取り上げた女児向けDIYドールハウス〈ルーミネイト〉も、この夜のネットサーフィンで巡り合ったものだ。

だから音楽レビューサイト〈ele-king〉から連載の依頼をいただいたときも、海外の女児文化をポップカルチャーという切り口で扱ったら、音楽ファンにも読んでもらえるのではないかと考えた。ダンスフロアで神様がくれた甘い甘いミルク&ハニーにシビレるのも、ピンクのキラデコ玩具で遊んでハイになるのもどちらも一緒じゃない？（強引！）こうして連載「ピンクに塗れ！〜現代女児のキラデコ事情〜」が始まった。

記事を書き始める前に、文筆家の山崎まどかさんから『Pink Think: Becoming a Woman in Many Uneasy Lessons』（二〇〇二年）という書物の存在を教えていただいていたことも励みになった。一九四〇年代から一九七〇年代のアメリカ人女性がいかにしてピンクとセットで客体としての女性性を刷り込まれたかを、キッチュな女子向けグッズ、書籍の引用とともに分析したユニークな社会史の本だ。ピンクが一冊の書籍になるほど深いテーマであるなら、きっと連載のネタもたくさん見つかるだろう。本書の第一章は、同書と、服飾史家ジョー・パオレッティがピンクとブルーに代表される性別による衣類の分化の歴史を探った『Pink and Blue: Telling the Boys from the Girls in America』（二〇一二年）の二冊の内容をもとに執筆したものだ。また、性差に関する科学的な記述は、神経科学者リーズ・エリオットによる『女の子脳　男の子脳——神経科学から見る子どもの育て方』（二〇一〇年）に多くを拠っている。また、女の子の育ちとメディアをめぐる諸問題については、レナード・サックスの『Girls on the Edge: The Four Factors Driving the New Crisis for Girls』（二〇一〇年）を参考にした。

連載が始まってすぐ、〈ゴールディー・ブロックス〉「ガールズ」のプロモーション動画が公開された。当時は〈ゴールディー・ブロックス〉がここまでアメリカの女児文化を変革する大きな力になるとは思いもしなかったが、ピンクに反撃する少女たちの姿にドキドキした。一〇代のころ、音楽雑誌を読みながら思いをはせたオルタナティブカルチャーのかっこよさがそこにあった。やっぱり今、いちばん動きがあっておもしろいのは女児文化シーン！　と意を強くした。

ピンクは男と女、大人と子供、さまざまな人々の欲望が絡み合った複雑なテーマである。だからこそ、執筆途中で何度も頭を悩ませることになった。こんなややこしいテーマを私が扱っていいものかしら？　ジェンダー論の専門家でもないし、服飾史家でもない。社会学者でもなければ、ジャーナリストでもない。そもそもアカデミズムとは何のゆかりもない人生を歩んできた。それでも、ピンクについて考えをめぐらせれば、書きたいことは次から次へと出てきた。何かを知っているということを出発点に書かれる専門書じゃなくても、「派遣社員の二児の母」というベタな日本女性としての現実を生きる上で、さまざまな問題にいきあたって考え、知識を求め、解決策を探す、その軌跡の中で書かれる本もあっていいじゃないかと思うようにした。関連記事や論文をコツコツ収集しながら、子供が寝静まる時間帯を見計らって少しずつ書き進めた。

アメリカで二〇一五年のホリデーシーズンに向けてファッションドールをはじめとする女児玩具が理系化するという大きな流れが起きたおかげで、本の骨子が固まったのはラッキーだった。今、このあとがきを書いている最中にも、米〈マテル〉社がバービー人形のラインナップに、ぽっちゃり・長身・小柄の三種類のリアルな体型を加えるというリリースが飛び込んできた。二〇一六年一月末現在、バービー公式サイトのトップ画像は、ピンクを抑えながらもカラフルで人種と体型の多様性を意識したものになっている。帰国子女で、「オーストラリアならあと一〇キロ太ってても大丈夫なんだけどなあ」とぼやきながらダイエットしていた昔の同僚を思い浮かべる。女子が容姿ばかりに駆り立てられずに済む世の中にならないかなあと願わずにはおれない。ピンクはかわいい色だけれど、女性がみな同じピンク色の型に押し込まれる世界はつまらない。

本書の執筆にあたっては、なかなか書き進められないでいた私を根気強く待ってくださった書籍編集担当の大久保潤さん、連載中、言葉が足りない部分を指摘してくださったりとさまざまなフォローをしていただいた〈ele-king〉の橋元優歩さんに大変お世話になった。お二人にはこの場を借りて感謝を申し上げたい。大掃除もせず年末年始の休みを本書執筆に充てても文句も言わず家事をしてくれた優しい夫、執筆のネタをくれた娘たちにも心から感謝している。そうそう、私がいよいよ原稿を落としそうになってせっぱつまっているときに、次女のお守りをしてくれたアニメ『妖怪ウォッチ』にも。

文庫版あとがき

本書は二〇一六年二月にPヴァインから刊行した同タイトルの単行本に加筆修正を施し、文庫化したものだ。二〇一五年のホリデーシーズンまでの女児玩具カルチャーを中心に据えた内容はそのままだが、文庫化にあたり一部の統計などを新しいものに差し替えている。また、出典元の参考文献・注を入れた。学術書ではないものの、大学の先生におすすめされたから読んだという学生さんたちからの声を複数いただいている。出典がない本では研究に利用しづらいだろうと、ずっと心苦しい思いがあった。海外のニュース記事などはネットで読めるものがほとんどなので、掘り下げて調べてみたい方がいたらぜひ原典にあたっていただければと思う。

現在進行形のテーマであることから、本書の記述の中には古くなってしまったものもあるが（エンパワーガール、ユナは二〇一九年現在も商品化されていない）、二〇一五年後半の盛り上がりを伝えるために玩具の記述の多くは基本的にそのまま残している。その後の展開については文庫特典として収録した「女の子が文学部に入るべきでない5つの理由」「世界を変える女の子の本、人と違うことを恐れない男の子の本」でも述べたが、それ以外の動きについてもここで軽くふれておきたい。

女児向け雑誌「Kazoo」の創刊

女児向けの雑誌は好もしい見た目や立ち居振る舞いを女の子に教えるものばかり。自分たち親子が読みたい雑誌がない。そう考えたアメリカの女性編集者が〈キックスターター〉で資金を集め、二〇一六年に創刊にこぎつけたのが、五〜一二歳を対象とした季刊誌「Kazoo」だ。"A Magazine For Girls Who Aren't Afraid to Make Some Noise"（声を上げることを恐れない女の子のための雑誌）というキャッチコピーが物語るとおり、扱うテーマは科学実験、ロック、アートプロジェクト、レシピ、ダンスの仕方、ZINE（個人誌）の作り方、意見の言い方、宇宙、女子アスリートや科学者へのインタビューなど多岐に渡る。着こなしコーデやヘアアレンジの記事はないが、誌面デザインはかわいらしく、エンジニアリングをカラフルなグミを用いて教えるなど、一般的な女の子の好みに合わせた切り口になっている。一〇号の特集テーマは「アクション（行動）」。アメリカの公民権運動家によるバターケーキのレシピ、ゴリラのマスクを被った匿名女性アーティスト集団「ゲリラ・ガールズ」が教える抗議ポスターとマスクの作り方などが掲載されている。

その後のバービー人形

二〇一六年、さまざまな肌の色、瞳の色、髪型をそろえた「バービー ファッショニスタ」シリーズに、新たに三種類の体型（長身、曲線美、小柄）が加わった。マテル・インターナショナルのプレスリリースには「私たちは、世界中の女の子たちとそのご両親に対して、バービーを通して時代に合わせた〝美しさの多様性〟を示していく責任があると考えています」と謳われている。二〇一八年には、飛行士のアメリア・イアハートや数学者のキャサリン・ジョンソンなど実在する世界各国の女性一七名をモチーフにした「ロールモデル」シリーズが発売され、こちらも話題を呼んだ。二〇一九年の同シリーズには、大坂なおみ選手と黒柳徹子氏がバービーの仲間入りを果たしている。こうした多様性への目配りや女子をエンパワーする取り組みの成果もあって、一時落ち込んでいた売上は徐々にアップ。二〇一九年二月には、第4四半期のバービー人形の売上が過去五年間で最大となったことが発表された。

女児向けＳＴＥＭ玩具最新事情

プログラミングを取り込んだ女児玩具は、単行本執筆時にはクラウドファンディングにとどまっているものがほとんどだった。その後、実際に商品化されたものがいくつか出てきている。セグウェイ風のスクーターに乗ったファッションドールをスマートフォンからプログラミングして走行させる「SmartGurlz」、子供向けの超小型コンピュータである「ラズベリーパイ」にかわいい色のワイヤレスキーボード＆マウス、電源、電子工作用ブレッドボードなどが付属する女児向けのキット「Boolean Box」などだ。とはいえ、最近話題になるＳＴＥＭ玩具は性別を問わないかわいいデザインのものが主流である。「Boolean Box」ではないが、我が家でも長女が自分専用のパソコンで「マインクラフト」をしたり動画を見たりしたいと言い出したときに、「ラズベリーパイ」を購入して一からセッティングさせたことがある。ことＰＣに関しては、小学生女子もゲームや動画視聴への欲求が強いので、特にカラーリングを女子向けにしなくても食いつくのではないかというのがイチ母親としての意見である。

ほかにもいろいろあるだろうが、あとがきという場ではすべてを追いきれない。新しくて楽しいおもちゃを探すのは読者に委ねよう。文庫化にあたっては河出書房新社の朝田明子氏に尽力していただいた。この場で感謝申し上げる。

参考文献・注

●主要参考文献

Lynn Peril "Pink Think: Becoming a Woman in Many Uneasy Lessons" W. W. Norton & Company, 2002
Jo B. Paoletti "Pink and Blue: Telling the Boys from the Girls in America" Indiana University Press, 2012
Leonard Sax "Girls on the Edge: The Four Factors Driving the New Crisis for Girls" Basic Books, 2010
リーズ・エリオット著、竹田円訳『女の子脳 男の子脳――神経科学から見る子どもの育て方』（NHK出版、二〇一〇年）
ペギー・オレンスタイン著、日向やよい訳『プリンセス願望には危険がいっぱい』（東洋経済新報社、二〇一二年）

●注

イントロダクション

＊1　Christine R. Yano "Pink Globalization: Hello Kitty's Trek across the Pacific" Duke University Press, 2013

第一章

*1 Think Pink at the Museum of Fine Arts, Boston https://www.mfa.org/exhibitions/think-pink
*2 Susan Stamberg "Girls Are Taught to 'Think Pink,' But That Wasn't Always So" NPR, Apr 1, 2014 https://www.npr.org/2014/04/01/297159948/girls-are-taught-to-think-pink-but-that-wasnt-always-so
*3 ""Amy put a blue ribbon on the boy and a pink on the girl, French fashion, so you can always tell. Besides, one has blue eyes and one brown. Kiss them, Uncle Teddy," said wicked Jo." (Louisa May Alcott, *Little Women*, Chapter 28, 1880)
*4 城一夫『フランスの伝統色』(パイインターナショナル、二〇一二年)
*5 城一夫『フランスの配色』(パイインターナショナル、二〇一一年)
*6 城一夫『色の知識――名画の色・歴史の色・国の色』(青幻舎、二〇一〇年)
*7 城一夫『フランスの伝統色』(パイインターナショナル、二〇一二年)
*8 ミシェル・パストゥロー著、石井直志、野崎三郎訳『ヨーロッパの色彩』(パピルス、一九九五年)
*9 Portrait of Henry VIII https://en.wikipedia.org/wiki/Portrait_of_Henry_VIII
*10 Portrait of Louis XIV https://en.wikipedia.org/wiki/Portrait_of_Louis_XIV
*11 Jo B. Paoletti "Pink and Blue: Telling the Boys from the Girls in America" Indiana University Press, 2012

＊12 "Queen Victoria with Prince Arthur: Signed and dated 1850" by Franz Xaver Winterhalter https://www.rct.uk/collection/405963/queen-victoria-with-prince-arthur

＊13 Fauntleroy suit, V&A Museum of Childhood https://www.vam.ac.uk/moc/collections/fauntleroy-suit/

＊14 Jo B. Paoletti, 前掲書

＊15 Anna Broadway "Pink Wasn't Always Girly: A Short History of a Complex Color." The Atlantic, Aug 12, 2013 http://www.theatlantic.com/sexes/archive/2013/08/pink-wasnt-always-girly/278535/

＊16 Susan Stamberg "Girls Are Taught to 'Think Pink,' But That Wasn't Always So" NPR, Apr 1, 2014 https://www.npr.org/2014/04/01/297159948/girls-are-taught-to-think-pink-but-that-wasnt-always-so

＊17 Estelle Caswell "How did pink become a girly color?" Vox, Apr 14, 2015 https://www.vox.com/2015/4/14/8405889/pink-color-gender

＊18 Lynn Peril "Pink Think: Becoming a Woman in Many Uneasy Lessons" W. W. Norton & Company, 2002

＊19 Lynn Peril, 前掲書、p16

＊20 同書、p17

＊21 同書、p152

＊22 同書、p18

＊23 Jo B. Paoletti, 前掲書、p94

＊24 Claire Murphy "This letter to parents was written by Lego over 40 years ago... and it's still just as true today" Mirror, Jul 31, 2017 https://www.mirror.co.uk/lifestyle/family/letter-parents-written-lego-over-10906448

＊25 Peggy Orenstein "Cinderella Ate My Daughter" HarperCollins e-books, 2011, p14

＊26 松沢呉一のビバノンライフ「ピンクがエロになったワケ――桃色探訪 第二部――戦前編1［ビバノン循環湯 43］（松沢呉一）」 https://www.targma.jp/vivanonlife/2015/02/post1932/ 松沢呉一のビバノンライフ「ふたつの『桃色』が共存した頃――桃色探訪 第二部――戦前編2［ビバノン循環湯 44］（松沢呉一）」 https://www.targma.jp/vivanonlife/2015/02/post3506/

＊27 ケン・ベルソン、ブライアン・ブレムナー著、酒井泰介訳『巨額を稼ぎ出すハローキティの生態』（東洋経済新報社、二〇〇四年）p100-101

＊28 朝日放送テレビ「探偵！ナイトスクープ」二〇〇一年二月九日放送分「30代の女性はピンク・レディーを踊れる?」、テレビ東京「結局！確率な〜のだ」二〇一一年三月二九日放送分「40代女性がピンクレディーのUFOいきなりかけたら踊りだす確率」

＊29 「高田明美さんインタビュー後編 〝いつも、ホームグラウンドのように心の中に。〟『魔法の天使 クリィミーマミ』 キャラクターデザイン」（「アニメ！アニメ！」二〇一四年四月二五日） https://animeanime.jp/article/2014/04/25/18427.html

第二章

＊1 GoldieBlox & Rube Goldberg "Princess Machine"（ビースティ・ボーイズとの和解成立後、BGMは別の楽曲に差し替えられている） https://www.youtube.com/watch?time_continue=39&v=IIGyVa5Xftw

＊2 次世代の女性エンジニアに希望を― TEDxPSU https://www.tedxtokyo.com/translated_talk/inspiring-the-next-generation-of-female-engineers/?lang=ja

＊3 Marc Hogan "Beastie Boys Write Classy Open Letter to 'Girls' -Spoofing Toy Company" SPIN, Nov 25, 2013 https://www.spin.com/2013/11/beastie-boys-girls-goldieblox-toy-open-letter-lawsuit/

＊4 Stuart Dredge "GoldieBlox agreed to pay $1m to charity in Beastie Boys settlement" The Guardian, May 13, 2014 https://www.theguardian.com/technology/2014/may/13/goldieblox-beastie-boys-girls-settlement

＊5 Michael Rothman "GoldieBlox Will Be First Small Business to Have Super Bowl Ad" ABC News, Jan 31, 2014 https://abcnews.go.com/Business/goldieblox-small-business-super-bowl-ad/story?id=22312402

＊6 Mckenna in GoldieBlox Commercial Superbowl 2014 https://www.youtube.com/watch?v=4ciHiyjXD4U

*7 https://www.goldieblox.com/

*8 ルーミネイト公式サイト（二〇一六年、ルーミネイトは玩具メーカー PlayMonster に買収された） https://www.playmonster.com/brands/roominate/

*9 Laura Emily Dunn "Women in Business: Q&A with Alice Brooks and Bettina Chen, Founders of Roominate" HuffPost, May 20, 2014 https://www.huffpost.com/entry/women-in-business-qa-with_b_5000869

*10 David Beede et al., "Women in STEM: A gender gap to innovation" US Department of Commerce Economics and Statistics Administration issue brief, #04-11 (2011).

*11 the American Society for Quality, 2009

*12 David Beede et al., 前掲書

*13 Riley on Marketing https://www.youtube.com/watch?v=-CU040Hqbas

*14 Ben Radford "The Four-Year-Old Feminist Sensation — Some Questions" Seeker, Dec 29, 2011 http://www.seeker.com/the-four-year-old-feminist-sensation-some-questions-1765572921.html

*15 Riley on Marketing (Part 2): GoldieBlox Engineering Toys for Girls https://www.youtube.com/watch?v=Nn9HA0BUU5o

*16 https://twitter.com/SocImages/status/428264365943316480

*17 Yael Kohen "What's the Problem With Pink, Anyway?" THE CUT, Mar 27, 2014 https://www.thecut.com/2014/03/whats-the-problem-with-pink-anyway.html

＊18「レゴブロックに女性科学者が登場、少女の願いかなえる」CNN.co.jp, Aug 5, 2014 https://www.cnn.co.jp/business/35051876.html

＊19 https://ideas.lego.com/projects/fe58c4f9-f80b-47ac-92d0-0b66b3113b75

＊20 Eliana Dockterman “The War on Pink: GoldieBlox Toys Ignite Debate Over What’s Good For Girls” TIME, Feb 2, 2014 https://time.com/3281/goldie-blox-pink-aisle-debate/

＊21 同右

＊22 http://www.pinkstinks.co.uk/

＊23 Harry Wallop “Pink toys ‘damaging’ for girls” The Daily Telegraph, Nov 30, 2009 https://www.telegraph.co.uk/finance/newsbysector/retailandconsumer/6683639/Pink-toys-damaging-for-girls.html

＊24 Susanna Rustin “Why girls aren’t pretty in pink” The Guardian, Apr 21, 2012 https://www.theguardian.com/lifeandstyle/2012/apr/21/girls-are-not-pretty-in-pink

＊25 Let Toys Be Toys http://lettoysbetoys.org.uk/

＊26 “PRESS RELEASE Survey results: high street stores are less sexist this Christmas after Let Toys Be Toys campaign” Let Toys Be Toys, Dec 15, 2013 http://www.lettoysbetoys.org.uk/press-release-survey-results-high-street-stores-are-less-sexist-this-christmas-after-let-toys-be-toys-campaign/

＊27 Susie Mesure “Toys R Us stops telling boys and girls what to play with by dropping online gender filters” The Independent, Nov 21, 2015 https://www.independent.co.uk/news/business/

news/toys-r-us-stops-telling-boys-and-girls-what-to-play-with-by-dropping-online-gender-filters-a6743541.html

*28 Let Books Be Books http://lettoysbetoys.org.uk/letbooksbebooks/

*29 Alison Flood "Campaign to end gender-specific children's books gathers support" the Guardian, Mar 16, 2014 https://www.theguardian.com/books/2014/mar/16/campaign-gender-children-publishing-waterstones-malorie-blackman

*30 Polly Curtis "Pink v blue - are children born with gender preferences?" The Guardian, Dec 13, 2011 http://www.theguardian.com/politics/reality-check-with-polly-curtis/2011/dec/13/women-children

*31 Hannah Devlin "UK engineering's gender imbalance is embarrassing, leading figure says" The Guardian, May 5, 2018 https://www.theguardian.com/technology/2018/may/21/uk-engineerings-gender-imbalance-is-embarrassing-leading-figure-says

*32 Graeme Paton "Gender specific toys 'put girls off' maths and science, says Education Minister" The Telegraph, Jan 16, 2014 https://www.telegraph.co.uk/education/educationnews/10578106/Gender-specific-toys-put-girls-off-maths-and-science.html

*33 Cordelia Fine "Why Are Toys So Gendered?" Slate Magazine, Apr 5, 2014 https://slate.com/technology/2014/04/girl-and-boy-toys-childhood-preferences-for-gendered-toys-are-not-innate.html

＊34 No Gender December http://www.nogenderdecember.com/

＊35 Shalailah Medhora "No Gender December: Abbott criticises bid to end gender stereotypes in toys" The Guardian, Dec 2, 2014 https://www.theguardian.com/world/2014/dec/02/no-gender-december-abbott-criticises-bid-to-end-gender-stereotypes-in-toys

＊36 Pinkstinks Germany https://pinkstinks.de/

＊37 Kim Wallen and Janice M. Hassett "Sexual Differentiation of Behavior in Monkeys: Role of Prenatal Hormones" J Neuroendocr 21(4), 421-426

＊38 Gerianne M. Alexander, Teresa Wilcox and Rebecca Woods "Sex Differences in Infants' Visual Interest in Toys" Archives of Sexual Behavior 38, 427-433

＊39 J. Dee Higley, William D. Hopkins, Regina M. Hirsch, et al. "Preferences of female rhesus monkeys (Macaca Mulatta) for infantile coloration" Development Psychobiology 1987; 20: 7-18

＊40 Becky Francis "Gender, toys and learning" Oxford Review of Education: Vol 36, No 3, 325－361

＊41 University of Chicago News Office "University of Chicago research shows that boys outperform girls by age 4 1/2", Jun 14, 2000 http://www-news.uchicago.edu/releases/99/991117.spatial.shtml

＊42 Eliana Dockterman "The War on Pink: GoldieBlox Toys Ignite Debate Over What's Good For Girls" TIME, Feb 2, 2014 https://time.com/3281/goldie-blox-pink-aisle-debate/

＊43 "Argos unveils its TopToy predictions for Christmas inspired by child development research" ToyNews, Jul 24, 2013 https://www.toynews-online.biz/2013/07/24/argos-unveils-its-toptoy-predictions-for-christmas-inspired-by-child-development-research/

＊44 Dying to be Barbie — Eating Disorders in Pursuit of the Impossible https://www.rehabs.com/explore/dying-to-be-barbie/

＊45 GoldieBlox vs. the Big Sister machine (feat. Metric, "Help I'm Alive") https://www.youtube.com/watch?v=fLO0eQuc-sQ

第三章

＊1 "Company News: Mattel Says It Erred; Teen Talk Barbie Turns Silent on Math" New York Times, Oct 21, 1992

＊2 David Firestone "While Barbie Talks Tough, G. I. Joe Goes Shopping" New York Times, Dec 31, 1993

＊3 OECD Data https://data.oecd.org/pisa/mathematics-performance-pisa.htm https://data.oecd.org/pisa/science-performance-pisa.htm

＊4 内田昭利・守一雄「中学生の『数学嫌い』『理科嫌い』は本当か——潜在意識調査から得られた教育実践への提言——」教育実践学論集 13 221-227 二〇一二年三月

＊5 Steven Spencer, Claude Steele and Diane Quinn. "Stereotype threat and women's math performance" Journal of Experimental Social Psychology, 35(1), 4-28

*6 Sharon Gaudin "Look who's a nerd: Barbie becomes computer engineer" Computerworld, Feb 17, 2010 https://www.computerworld.com/article/2520978/look-who-s-a-nerd-barbie-becomes-computer-engineer.html

*7 「コンピューター科学が人気、女子学生の専攻最多＝スタンフォード大」ロイター、二〇一五年一〇月一三日 https://jp.reuters.com/article/odd-stanford-idJPKCN0S708C20151013

*8 Matt Townsend "Move Over Barbie, 'Frozen' is Top Holiday Toy For Girls" Bloomberg, Nov 25, 2014 https://www.bloomberg.com/news/articles/2014-11-24/-frozen-overtakes-barbie-as-most-popular-holiday-gift-for-girls

*9 Aurora M. Sherman and Eileen L. Zurbriggen. ""Boys Can Be Anything": Effect of Barbie Play on Girls' Career Cognitions." Sex roles 70.5-6 (2014): 195-208

*10 Helga Ditmar, Emma Halliwell and Suzanne Ive. "Does Barbie Make Girls Want to Be Thin? The Effect of Experimental Exposure to Images of Dolls on the Body Image of 5- to 8-Year-Old Girls" Development Psychology. 2006 Nov; 42(6): 1258. 283-292

*11 Anne Becker "Television, disordered eating, and young women in Fiji: negotiating Body Image and Identity During Rapid Social Change" Culture, Medicine and Psychiatry, Dec 28, 2004 533-559

*12 Lammily doll https://lammily.com/

＊13　Jennifer Szulman "Lammily doll goes through puberty with new 'Period Party' kit" NEW YORK DAILY NEWS, Sep 23, 2015　https://www.nydailynews.com/life-style/lammily-doll-reaches-puberty-new-period-party-kit-article-1.2371447

＊14　二〇一九年八月現在、サイトのドメインは失効している　http://www.empowergirl.com

＊15　Becky Yerak "Forget Malibu Barbie. STEM dolls for girls take off" Chicago Tribune, Dec 4, 2015　https://www.chicagotribune.com/business/ct-stem-doll-sales-1206-biz-20151204-story.html

＊16　同右

＊17　Amy Fleischer "Op-ed: Why Do We Need STEM Toys for Girls?" U.S. News & World Report, Dec 16, 2015　https://www.usnews.com/news/stem-solutions/articles/2015-12-16/op-ed-why-do-we-need-stem-toys-for-girls

＊18　Maia Weinstock "Holiday Gift Guide: Women in STEM Fields Dolls and Action Figures" Scientific American Blog Network, Nov 23, 2015　https://blogs.scientificamerican.com/voices/holiday-gift-guide-women-in-stem-fields-dolls-and-action-figures/

＊19　"Purdue engineers develop gift guide for parents" Purdue University, Nov 20, 2014　https://www.purdue.edu/newsroom/releases/2014/Q4/purdue-engineers-develop-gift-guide-for-parents.html

＊20　Project Mc^2 - MGA Entertainment　https://projectmc2.mgae.com/

＊21　Heidi Stevens "Project Mc^2 dolls intended to nudge girls toward STEM careers" Chicago

Tribune online, Aug 21, 2015 http://www.chicagotribune.com/lifestyles/ct-sun-0823-balancing-act-20150821-column.html

＊22 Project Mc^2— Netflix 公式サイト https://www.netflix.com/jp/title/80058852

＊23 Lynn Elber "Tween series 'Project Mc^2' puts smart girls in the spotlight" AP News, Aug 4, 2015 https://www.apnews.com/2871bb352cec47cf96657447954a20e9

＊24 Lottie Dolls https://www.lottie.com/

＊25 Meet Allie - The Inspiration behind Robot Girl Lottie & Busy Lizzie the Robot! - Lottie Dolls https://www.lottie.com/blogs/kids-voices-matter/meet-allie-the-inspiration-behind-robot-girl-lottie-busy-lizzie-the-robot-inspiredbyrealkids

＊26 "Arklu, Creators of Lottie™, a Unique Line of Alternative 'Pro-Girl' Dolls, Introduces Special Edition Gold Collection, New Dolls & Accessories at the 2015 American International Toy Fair®" PR Newswire, Feb 13, 2015 https://www.prnewswire.com/news-releases/arklu-creators-of-lottie-a-unique-line-of-alternative-pro-girl-dolls-introduces-special-edition-gold-collection-new-dolls--accessories-at-the-2015-american-international-toy-fair-300035949.html

＊27 Robert Perlman "'First Doll in Space': 'Stargazer Lottie' Joins Astronauts Aboard ISS" NBC News Digital, Jan 1, 2016 https://www.nbcnews.com/tech/innovation/first-doll-space-stargazer-lottie-joins-astronauts-aboard-iss-n488591

＊28 Becky Yerak "Forget Malibu Barbie. STEM dolls for girls take off" Chicago Tribune, Dec 4,

2015 https://www.chicagotribune.com/business/ct-stem-doll-sales-1206-biz-20151204-story.html
＊29 IAmElemental Female Action Figures http://www.iamelemental.com/
＊30 Eliana Dockterman "Top 10 Toys" TIME, Dec 2, 2014 https://time.com/collection-post/3582120/top-10-toys-2014/
＊31 Mighty Makers® — K'NEX https://www.knex.com/mighty-makers-3
＊32 Yael Kohen "What's the Problem With Pink, Anyway?" THE CUT, Mar 27, 2014 https://www.thecut.com/2014/03/whats-the-problem-with-pink-anyway.html
＊33 Allison Benedikt "The Problem With Your Problem With Pink" Slate Magazine, Mar 28, 2014 https://slate.com/human-interest/2014/03/pink-and-princesses-why-does-girly-equal-lame.html
＊34 Rebecca Gruber "Lego's Newest Building Sets Are Inspiring Little Girls" POPSUGAR, Jun 29, 2015 https://www.popsugar.com/family/Lego-Adds-Female-Minifigures-37801175#photo-37801175
＊35 Chris Weller "LEGO is slipping a feminist message into its newest line of characters" Business Insider, Jun 29, 2015 https://www.businessinsider.com/legos-newest-characters-are-incredibly-important-for-young-girls-2015-6
＊36 Dream Big Friends 10-inch Articulated Yuna Doll & Kitty（二〇一九年八月現在、商品化には至っていない） https://www.kickstarter.com/projects/bigshot-toyworks/dream-big-friends-yuna-doll/description

*37 Imagine The Possibilities — Barbie　https://www.youtube.com/watch?v=l1vnsqbnAkk

*38 Moschino Barbie!　https://www.youtube.com/watch?v=TULVRlpsNWo

*39 Nicole Phelps "Moschino Spring 2015 Ready-to-Wear Collection" Vogue, Sep 19, 2014 https://www.vogue.com/fashion-shows/spring-2015-ready-to-wear/moschino

*40 Eliana Dockterman "This New GoldieBlox Ad Reimagines Famous Action Movies With Female Heroes" TIME, Nov 4, 2015　https://time.com/4098641/goldieblox-ad-ruby-rails-action-figure/

第四章

*1 「女子教育『コサイン教えて何になる』　鹿児島知事、撤回」朝日新聞、二〇一五年八月二八日

*2 Compare your country "The Pursuit of Gender Equality: An Uphill Battle"　https://www1.compareyourcountry.org/gender-equality

*3 畠山勝太「日本の女子教育の課題ははっきりしている」シノドス、二〇一五年一二月一七日 https://synodos.jp/education/15724

*4 Sesame Street: Sonia Sotomayor and Abby - Career　https://www.youtube.com/watch?v=EHICz5MYxNQ

第五章

＊1　一般財団法人日本色彩研究所「小・中学生が好きな色と嫌いな色」 https://www.jcri.jp/JCRI/seihin/HOUKOKU/suki-kirai_children/children-1.htm

＊2　「女子美祭2015　奥村心雪さん講演会」ohtake のブログ https://ameblo.jp/ohtaket/entry-12088446741.html

＊3　「色についてのアンケート・ランキング：何でも調査団」@nifty ニュース、二〇一二年九月一四日 http://chosa.nifty.com/hobby/chosa_report_A20120914/

＊4　Della computers — Geek Feminism Wiki https://geekfeminism.wikia.org/wiki/Della_computers

＊5　Abigail Wheat "High school girl to college recruiters: Don't make everything pink!" PRI's The World, Jul 15, 2015 https://www.pri.org/stories/2015-07-15/high-school-girl-college-recruiters-dont-make-everything-pink

＊6　Samsung "Pink Galaxy S5 is only available in Japan, Here is why" May 14, 2014 https://news.samsung.com/global/pink-galaxy-s5-is-only-available-in-japan-here-is-why

＊7　「[生活探偵] 女の子が本音話す時自分のこと『うち』、関東でなぜ？」読売新聞、二〇〇四年八月四日

＊8　Always #LikeAGirl https://www.youtube.com/watch?v=XjJQBjWYDTs

第六章

＊1 リーズ・エリオット著、竹田円訳『女の子脳 男の子脳——神経科学から見る子どもの育て方』（NHK出版、二〇一〇年）

＊2 Susan Donaldson James "J. Crew Ad With Boy's Pink Toenails Creates Stir" ABC News, Apr 13, 2011 https://abcnews.go.com/Health/crew-ad-boy-painting-toenails-pink-stirs-transgender/story?id=13358903

＊3 Sesame Street, Episode 4267: Baby Bear's Baby Doll (PBS television broadcast Oct 21, 2011)

＊4 Owen Strachan "The Gospel Is for Baby Bear: On Sesame Street and Gender Confusion" PATHEOS, Feb 21, 2013 https://www.patheos.com/blogs/thoughtlife/2013/02/the-gospel-is-for-baby-bear-on-sesame-street-and-gender-confusion/

＊5 James Nichols "Michael Morones, 11-Year-Old Boy And 'My Little Pony' Fan, Attempts Suicide" HuffPost, Feb 5, 2014 https://www.huffpost.com/entry/my-little-pony-suicide_n_4731327

＊6 Rebecca Klein "Boy Reportedly Told Not To Wear My Little Pony Backpack To Class" HuffPost, Mar 19, 2014 https://www.huffpost.com/entry/grayson-bruce-backpack-my-little-pony_n_4966216

＊7 Casey Blake "School will allow boy to bring My Little Pony backpack" USA Today, Mar 21, 2014 https://www.usatoday.com/story/news/nation/2014/03/21/my-little-pony-backpackbanned-school-north-carolina/6685403/

*8 Sherry Huang "'My Princess Boy': An Interview with Cheryl Kilodavis" Parents, Jan 30, 2011 https://www.parents.com/toddlers-preschoolers/development/behavioral/interview-with-cheryl-kilodavis/

*9 Michael Schaub "Texas residents demand LGBT children's books be banned from public library" Los Angeles Times, Jul 1, 2015 https://www.latimes.com/books/jacketcopy/la-et-jc-lgbt-childrens-books-possible-ban-texas-library-20150701-story.html

*10 ピンクシャツデー運動のはじまり https://pink-shirt-day.com/story/

*11 TEDxBeaconStreet コリン・ストークス「映画が男の子に教えること」 https://www.ted.com/talks/colin_stokes_how_movies_teach_manhood/transcript?language=ja

*12 "Women & the Leadership Labyrinth Howard vs Heidi" leadership psychology institute http://www.leadershippsychologyinstitute.com/women-the-leadership-labyrinth-howard-vs-heidi/

文庫版特典

*1 Pヴァインより拙訳にて刊行予定（タイトル未定）

*2 Alison Flood "Good Night Stories for Rebel… Boys? Male versions of bestseller arrive on shelves" The Guardian, Apr 20, 2018 https://www.theguardian.com/books/2018/apr/20/good-night-stories-for-rebel-boys-male-versions-of-bestseller-arrive-on-shelves

本書は、二〇一六年に刊行された『女の子は本当にピンクが好きなのか』（Pヴァイン）に加筆し、文庫化したものです。

女《おんな》の子《こ》は本当《ほんとう》にピンクが好《す》きなのか

二〇一九年一〇月一〇日　初版印刷
二〇一九年一〇月二〇日　初版発行

著　者　堀越英美《ほりこしひでみ》
発行者　小野寺優
発行所　株式会社河出書房新社
〒一五一-〇〇五一
東京都渋谷区千駄ヶ谷二-三二-二
電話〇三-三四〇四-八六一一（編集）
〇三-三四〇四-一二〇一（営業）
http://www.kawade.co.jp/

ロゴ・表紙デザイン　粟津潔
本文フォーマット　佐々木暁
本文組版　株式会社創都
印刷・製本　中央精版印刷株式会社

Printed in Japan　ISBN978-4-309-41713-4

考えるということ

大澤真幸　41506-2

読み、考え、そして書く——。考えることの基本から説き起こし、社会科学、文学、自然科学という異なるジャンルの文献から思考をつむぐ実践例を展開。創造的な仕事はこうして生まれる。

カネと暴力の系譜学

萱野稔人　41532-1

生きるためにはカネが必要だ。この明快な事実から国家と暴力と労働のシステムをとらえなおして社会への視点を一新させて思想家・萱野の登場を決定づけた歴史的な名著。

1%の力

鎌田實　41460-7

自分、自分、自分、の時代。今こそ誰かのための「１％の力」が必要だ。１％は誰かのために生きなさい。小さいけれど、とてつもない力。みんなが「１％」生き方を変えるだけで、個人も社会も幸福になる。

自分はバカかもしれないと思ったときに読む本

竹内薫　41371-6

バカがいるのではない、バカはつくられるのだ！　人気サイエンス作家が、バカをこじらせないための秘訣を伝授。学生にも社会人にも効果テキメン！　カタいアタマをときほぐす、やわらか思考問題付き。

右翼と左翼はどうちがう？

雨宮処凛　41279-5

右翼と左翼、命懸けで闘い、求めているのはどちらも平和な社会。なのに、ぶつかり合うのはなぜか？　両方の活動を経験した著者が、歴史や現状をとことん噛み砕く。活動家六人への取材も収録。

遊廓の産院から

井上理津子　41206-1

八千人もの赤ちゃんを取り上げた前田たまゑの産婆人生は、神戸の福原遊廓から始まった。彼女の語り部から聞こえる、昭和を背負った女性達の声。著書『さいごの色街　飛田』の原点。

国ゆたかにして義を忘れ

井上ひさし／つかこうへい　41516-1

劇作家、作家など幅広く活躍し、社会に疑問を投げかけ続けた井上ひさしとつかこうへい。時代を駆け抜けてきた十四歳差の二人が、演劇、国家、金、家族など、さまざまなテーマをのびやかに語った対談集。

新教養主義宣言

山形浩生　40844-6

行き詰まった現実も、ちょっと見方を変えれば可能性に満ちている。文化、経済、情報、社会、あらゆる分野をまたにかけ、でかい態度にリリシズムをひそませた明晰な言葉で語られた、いま必要な〈教養〉書。

心理学化する社会

斎藤環　40942-9

あらゆる社会現象が心理学・精神医学の言葉で説明される「社会の心理学化」。精神科臨床のみならず、大衆文化から事件報道に至るまで、同時多発的に生じたこの潮流の深層に潜む時代精神を鮮やかに分析。

思想をつむぐ人たち　鶴見俊輔コレクション1

鶴見俊輔　黒川創〔編〕　41174-3

みずみずしい文章でつづられてきた数々の伝記作品から、鶴見の哲学の系譜を軸に選びあげたコレクション。オーウェルから花田清輝、ミヤコ蝶々、そしてホワイトヘッドまで。解題＝黒川創、解説＝坪内祐三

動きすぎてはいけない

千葉雅也　41562-8

全生活をインターネットが覆い、我々は窒息しかけている——接続過剰の世界に風穴を開ける「切断の哲学」。異例の哲学書ベストセラーを文庫化！　併録＊千葉＝ドゥルーズ思想読解の手引き

理解という名の愛がほしい。

山田ズーニー　41597-0

孤独の哀しみをのりこえ、ひらき、出逢い、心で通じ合う人とつながるレッスン。「ほぼ日」連載「おとなの小論文教室。」からのベストコラム集。居場所がなくてもだいじょうぶ！　あなたには表現力がある。

身ぶりとしての抵抗　鶴見俊輔コレクション2
鶴見俊輔　黒川創〔編〕　41180-4

戦争、ハンセン病の人びととの交流、べ平連、朝鮮人・韓国人との共生……。鶴見の社会行動・市民運動への参加を貫く思想を読み解くエッセイをまとめた初めての文庫オリジナルコレクション。

人間の測りまちがい　上・下　差別の科学史
S・J・グールド　鈴木善次／森脇靖子〔訳〕　46305-6　46306-3

人種、階級、性別などによる社会的差別を自然の反映とみなす「生物学的決定論」の論拠を、歴史的展望をふまえつつ全面的に批判したグールド渾身の力作。

孤独の科学
ジョン・T・カシオポ／ウィリアム・パトリック　柴田裕之〔訳〕　46465-7

その孤独感には理由がある！　脳と心のしくみ、遺伝と環境、進化のプロセス、病との関係、社会・経済的背景……「つながり」を求める動物としての人間――第一人者が様々な角度からその本性に迫る。

社会は情報化の夢を見る　[新世紀版] ノイマンの夢・近代の欲望
佐藤俊樹　41039-5

新しい情報技術が社会を変える！　――私たちはそう語り続けてきたが、本当に社会は変わったのか？　「情報化社会」の正体を、社会のしくみごと解明してみせる快著。大幅増補。

軋む社会　教育・仕事・若者の現在
本田由紀　41090-6

希望を持てないこの社会の重荷を、未来を支える若者が背負う必要などあるのか。この危機と失意を前にし、社会を進展させていく具体策とは何か。増補として「シューカツ」を問う論考を追加。

「声」の資本主義　電話・ラジオ・蓄音機の社会史
吉見俊哉　41152-1

「声」を複製し消費する社会の中で、音響メディアはいかに形づくられ、また同時に、人々の身体感覚はいかに変容していったのか――草創期のメディア状況を活写し、聴覚文化研究の端緒を開いた先駆的名著。

英子の森

松田青子　41581-9

英語ができると後でいいことがある——幼い頃から刷り込まれた言葉。英語は彼女を違う世界に連れて行ってくれる「魔法」のはずだった……社会に溢れる「幻想」に溺れる私たちに一縷の希望を照らす話題作！

学校の青空

角田光代　41590-1

いじめ、うわさ、夏休みのお泊まり旅行…お決まりの日常から逃れるために、それぞれの少女たちが試みた、ささやかな反乱。生きることになれていない不器用なまでの切実さを直木賞作家が描く傑作青春小説集

あなたを奪うの。

窪美澄／千早茜／彩瀬まる／花房観音／宮木あや子　41515-4

絶対にあの人がほしい。何をしても、何が起きても——。今もっとも注目される女性作家・窪美澄、千早茜、彩瀬まる、花房観音、宮木あや子の五人が「略奪愛」をテーマに紡いだ、書き下ろし恋愛小説集。

彼女の人生は間違いじゃない

廣木隆一　41544-4

震災後、恋人とうまく付き合えない市役所職員のみゆき。彼女は週末、上京してデリヘルを始める……福島－東京の往還がもたらす、哀しみから光への軌跡。廣木監督が自身の初小説を映画化！

幸福は永遠に女だけのものだ

澁澤龍彥　40825-5

女性的原理を論じた表題作をはじめ、ホモ・セクシャリズムやフェティシズムを語る「異常性愛論」、女優をめぐる考察「モンロー神話の分析」……存在とエロスの関係を軽やかに読み解く傑作エッセイ。文庫オリジナル。

グッドバイ・ママ

柳美里　41188-0

夫は単身赴任中で、子どもと二人暮らしの母・ゆみ。幼稚園や自治会との確執、日々膨らむ夫への疑念……孤独と不安の中、溢れる子への思いに翻弄され、ある決断をする……。文庫化にあたり全面改稿！